Qué Diferencia Hace?

¿Qué Diferencia Hace?

Respuestas doctrinales para niños

Por Debi Brazzale

Ilustrado por David Sullivan

¿Qué diferencia hace?

Diseño: Keith Sherrer, iDesignEtc.
Traducción: David Gómez Jr.
Diagramacción y adaptacción del projecto grafico: Josias Finamore

ISBN: 1-58802-262-5
Categoría: Niños / doctrina

contenido

¿QUÉ LIBRO HA SIDO LEÍDO POR MÁS PERSONAS Y SE HA TRADUCIDO A MÁS IDIOMAS QUE CUALQUIER OTRO LIBRO?

Imagínate quien pudiera escribir el libro más importante de todos los tiempos. Cada una de las páginas en este libro tan asombroso es inspirada por alguien que es más poderoso de lo que te puedas imaginar. Es su autobiografía. El libro que Él escribió te provee de la información necesaria para entender quién es Él y qué es lo que hace. En el libro nos dice cómo es Él - se revela a sí mismo a nosotros.

Pero Él no escribió las palabras por sí mismo: Él usó una variedad de gente para que escribiera sus pensamientos. Estos escritores fueron impresionados por el libro que estaban escribiendo al grado que muchos de ellos dijeron cosas maravillosas de él. Dijeron que era

* miel en el paladar
* lámpara a sus pies
* un gozo y delicia al corazón
* un fuego ardiendo en el corazón
* más preciado que el oro

La Biblia

¿Qué libro ha sido leído por más personas y se ha traducido a más idiomas que cualquier otro libro?

SI PENSASTE QUE ERA *LA BIBLIA*, ENTONCES ACERTASTE.

La mayoría de la gente en la Biblia *nunca leyó* la Biblia.

No podían, porque la mayor parte de la Biblia no se había escrito todavía. Ellos sentían a Dios en formas distintas. Dios se aseguraba que ellos supieran todo lo que necesitaban saber acerca de Él. Él mandó a los profetas a decir sus palabras, y ordenaba que los padres hablaran a sus hijos acerca de Él para que ellos lo dijeran a sus hijos, y ellos a su vez lo trasmitieran a sus hijos.

En cambio, puesto que Dios había terminado de escribir el Antiguo Testamento cuatrocientos años antes de que Jesús viniera a la tierra, había muchas copias disponibles en los tiempos del Nuevo Testamento. Jesús, junto con los otros niños no sólo leía las Escrituras, sino que también memorizaba grandes partes de ella. Jesús las llamaba "Escrituras."

La gente que escribió la Biblia no sabía que la estaban escribiendo.

A través de un período que cubría más de mil seiscientos años, Dios puso palabras en más de cuarenta escritores. Ellos escribieron lo que Dios quería que dijeran, sin saber que estas palabras después formarían la Biblia. El apóstol Pablo escribió cartas a sus amigos; el profeta Jeremías dio las advertencias de Dios al rey. Las personalidades y experiencias de los escritores se ven en sus escritos.

Porque Dios inspiró cada palabra, nosotros podemos estar seguros de que no hay errores en la Biblia. Y que a través de los años, Dios ha protegido cada copia que vino de los escritos originales. En el principio las copias eran hechas a mano, después las personas las escribían a máquina, y ahora las casas publicadoras usan computadoras.

La Biblia contiene algunas malas palabras.

Partes de la Biblia contienen palabras de personas malas e insensatas- aún del diablo mismo. Estas partes son sólo retratos de las palabras y circunstancias de esa gente. Por ejemplo, en el Antiguo Testamento hay un libro llamado Job. Es la historia de un hombre que perdió todo lo que tenía y amaba después de que Dios y Satanás discutieran. El libro cita las palabras de Dios, las palabras de Satanás, las palabras de Job y las palabras de los amigos de Job. Dios quería que nosotros supiéramos la historia de Job, así que inspiró al escritor a que la escribiera con mucha precisión, aunque muchas cosas malas pasaron y fueron hechas.

La Biblia dice que Dios guarda al mundo para que no explote.

Dios es el que hace que el mundo siga caminando. Los científicos han descubierto que la luz viaja en ondas y que hay ciertas características en la luz misma. Estas ondas de luz viajan a velocidades increíblemente rápidas. Ahora ¿Qué la mantiene en movimiento? ¿Qué hace que la luz viaje? Los científicos no tienen respuestas a estas preguntas. Los científicos sólo saben como funcionan las cosas, pero no pueden explicar por qué funcionan. La Biblia dice que Dios está en control del universo. Dios hace que la luz viaje. La ciencia sin un punto de vista cristiano está limitada en lo que nos puede enseñar. La Biblia nos enseña por que el universo es tan asombroso. Si Dios se removiera Él mismo de nuestro mundo, el mundo ya no funcionaría: La luz dejaría de viajar, la gravedad ya no mantendría nuestros pies en la tierra, y toda la tierra se desmoronaría. Deberías detenerte un poco y dar gracias a Dios por hacer que la tierra marche cada día.

Más de cuarenta hombres escribieron los sesenta y seis libros que componen la Biblia.

El primero fue escrito 1100 años antes del nacimiento de Jesús; el último libro fue escrito cien años después de la muerte de Jesús.

La gente que escribió el Antiguo Testamento lo escribió en hebreo, que era el idioma del pueblo elegido por Dios: los judíos.

Los judíos escribieron el Nuevo Testamento también pero lo escribieron en griego, el idioma que la mayoría de la gente usaba en la época del Nuevo Testamento.

Los judíos tradujeron el Antiguo Testamento al griego y ordenaron los libros en una manera que tuviera sentido para ellos. Nuestra Biblia ahora, está en ese mismo orden.

Aunque los escritores estaban a un milenio el uno del otro, todos dijeron las mismas cosas de quien es Dios y quien es Jesús.

Jesús, quien era Dios, con frecuencia citaba el Antiguo Testamento. Casi una tercera parte del Nuevo Testamento está compuesto por citas del Antiguo Testamento.

La Biblia de hecho contiene las palabras que Jesús dijo cuando anduvo en la tierra.

Alrededor de cuatrocientos años después de Jesús muchos cristianos vivían en Roma y hablaban latín. Por eso tradujeron la Biblia al latín.

En 1214 los cristianos dividieron la Biblia en libros, capítulos y versículos asignándoles números.

Finalmente fue traducida a la mayoría de los idiomas del mundo y ahora está disponible en el centro comercial, en la librería o en una tienda de Internet.

✛ Los arqueólogos son aquella gente que estudia a las civilizaciones antiguas por medio de excavaciones de edificios, desenterrando herramientas, y artículos de alfarería que fueron enterrados hace mucho tiempo. Los arqueólogos empezaron a excavar algún tiempo al principio de los años de 1800.

✛ Encontraron faraones de Egipto dentro de féretros de oro, encontraron nombres y lugares del Antiguo Testamento escritos en las paredes de palacios, y encontraron a Babilonia- el lugar donde Daniel pasó algún tiempo con los leones, y vivió para contarlo. Sus descubrimientos comprobaron que muchos de los acontecimientos y personajes mencionados en la Biblia fueron verdaderos.

✛ Más de 25000 sitios (eso es sitios arqueológicos, ¡no sitios de Internet!) han sido relacionados con la Biblia- y muchos sitios más aun que no se han explorado.

✛ Los arqueólogos han excavado tres ciudades que datan 4100 años atrás, a la época de Abraham: Mari, Nuzi, y Alalakh. Encontraron un palacio real que tenía más de 260 habitaciones. También encontraron tablas escritas que nos dicen cómo era su vida diaria y cómo es que la familia vivía en aquel tiempo. Todo esto ha ayudado a comprobar lo que la Biblia dice acerca de Abraham y su familia.

✛ Salomón, de acuerdo a lo que dice 1 de Reyes, era un rey israelita con mucho dinero. Algunos arqueólogos han encontrado sitios que prueban que Salomón disponía de mucho oro.

✛ En 2 de Reyes, se cuenta la historia de una guerra entre Joram el rey de Israel y Mesa de Moab. Unos arqueólogos encontraron una piedra que relataba toda la historia- tal como la Biblia lo relata. Tú puedes ir a ver la piedra, si es que puedes convencer a tus padres a que te lleven al Museo Louvre en Paris, Francia.

✦ Daniel el soñador y domador de leones, dijo que conoció a un rey llamado Belsasar. Otros descubrimientos decían que el rey no era Belsasar sino un hombre llamado Nabonido. Bueno, unos arqueólogos encontraron escritos más antiguos que demostraban que Daniel estaba en lo cierto después de todo. Estaba tan correcto que un arqueólogo dijo que el capítulo cinco del libro de Daniel en la Biblia era el relato más certero de esta parte de la historia.

✦ Las primeras partes del Nuevo Testamento se escribieron durante el año 40 D. C., diez años después de la muerte de Jesús. La razón porque esto es tan importante de saber es que demuestra que los eventos que ocurrieron en los días de Jesús estaban aun frescos en la mente de los escritores. Recuerda que en aquellos días no había cámaras para guardar recuerdos. Escribir era importante, especialmente anotaciones precisas de las cosas que realmente pasaron. La Biblia que ahora tenemos viene de esos escritos.

✦ La mayoría de los descubrimientos que prueban la verdad del Nuevo Testamento son papiros o pedazos rotos de vasijas. Algunos descubrimientos son tan ordinarios como listas de compras- pero aun emocionantes, porque comprueban que el idioma griego ya se hablaba en aquel entonces. Se han encontrado copias de papiros de los cuatro evangelios. Una copia del libro de Juan data del año 100 D. C.

✦ Los libros en la Biblia que tenemos hoy en día fueron escritos cien años después del nacimiento de Jesús- y se han encontrado 5500 copias de esos años.

✦ Hasta ahora la arqueología no ha demostrado que lo que está escrito en la Biblia esté equivocado.

✦ Los descubrimientos arqueológicos han comprobado que eventos específicos registrados en la Biblia, de los cuales la gente se burlaba- diciendo: "eso no pudo haber pasado"- son totalmente verdaderos.

✚ El conocer acerca del mundo en el que la gente de la Biblia vivió nos da un mejor entendimiento de por qué las cosas pasaron así. Con nueva información, los arqueólogos han resuelto misterios de la Biblia. ¡Y a quién no le gusta un misterio resuelto!

Pregúntale al Profesor Little

P: ¿QUÉ TE HACE ESTAR TAN SEGURO DE QUE LA BIBLIA NO TIENE ERRORES?

R: Esa es una excelente pregunta. No le digas adiós a tu cerebro nada más porque no te enseñó a creer lo que dice la Biblia. Los escribas copiaron los manuscritos más antiguos en pergaminos que se doblaban en rollos. Estaban obsesionados con hacer su trabajo a la perfección. De hecho contaban las letras en cada una de las copias para asegurarse de que todas las copias tuvieran el mismo número de letras. Si cometían un error tiraban el rollo entero y empezaban de nuevo. Sabían que se trataba de la Palabra de Dios, y es por eso que limpiaban sus plumas con que escribían cada vez antes de escribir el nombre de Dios.

P: ¿CÓMO SABEMOS QUE LOS LIBROS INCLUIDOS EN LA BIBLIA SON LOS CORRECTOS?

R: Nosotros aceptamos la Biblia tal y como se ha preservado a través de la historia. Las escrituras del Antiguo Testamento eran consideradas Palabra de Dios cuando se escribieron, y se fueron tomando como tales. Los cristianos en la iglesia primitiva estuvieron de acuerdo en cuáles escrituras iban a ser consideradas como parte del Nuevo Testamento. En una de sus cartas, Pedro nombra los escritos de Pablo como "Escrituras". La Biblia, como la conocemos, viene del año 367 D. C., cuando la iglesia la reconoció oficialmente. Nada se le ha añadido a la Biblia desde un poco después que Él ascendió a vivir en el cielo. A fin de cuentas, Dios es el único que va a mostrarte si es o no es su Palabra.

P: ¿SE PUEDE CREER EN LA BIBLIA Y EN LA CIENCIA AL MISMO TIEMPO?

R: Dios es el creador de nuestro planeta y del universo. Así que sabe unas cuantas cosas acerca de la ciencia. No sólo lo creó todo, sino que Él también lo diseñó todo y sabe donde puso cada célula, molécula, átomo, y cada fragmento de átomo. Él conoce las respuestas de cada pregunta científica que se haya preguntado alguna vez. En cambio, los científicos se han quedado desconcertados. La ciencia es una fantástica vista hacia el mundo que Dios hizo. Algunos científicos son cristianos y otros no. Algunas veces los científicos riñen, especialmente acerca de cómo el mundo llegó a existir. La Biblia no te da la clase de respuesta que encontrarías en un libro de ciencia pero lo que sí te dice es quien hizo el mundo y por qué lo hizo. Supongo que Dios decidió que como nos había dado un cerebro iba a dejarnos usarlo y así divertirnos descubriendo cómo funciona el mundo. Las primeras personas que utilizaron el método científico- que consiste en formular una pregunta, suponer una respuesta, comprobar la respuesta, y arribar a una conclusión- fueron cristianos. Dios hizo el universo tan perfecta y ordenadamente que valía la pena explorarlo, así que lanzaron una nueva forma de conocer el mundo de Dios. Ellos creían en la Biblia y así que disfrutaban la ciencia.

P: ¿CUÁL CREES QUE HA SIDO EL DESCUBRIMIENTO ARQUEOLÓGICO MÁS EMOCIONANTE HASTA AHORA?

R: Esa pregunta estuvo fácil. Fueron los rollos del Mar Muerto en 1947. Este descubrimiento no fue de arqueólogos, fue de un pastor de cabras que estaba vagando cerca de unas cuevas a los lados de unos acantilados cerca del Mar Muerto. No me imagino donde andaban sus cabras pero sí sé que encontró rollos de piel enrollados dentro de las cuevas. Resultó que estos eran las Escrituras originales hebreas. Eran las originales, originales. En estos rollos encontraron cada libro de la Biblia, excepto uno. Casi eran idénticos palabra por palabra a las Escrituras que existen en la actualidad en hebreo gracias a esos escribas perfeccionistas. Increíble, ¿no te parece?

P: ENTONCES, ¿LA ARQUEOLOGÍA HACE QUE LA BIBLIA SEA VERDADERA?

R: No creemos en la Biblia por la arqueología. Eso sería insensato. Pero la arqueología provee evidencia que apoya lo que la Biblia Dice. Tampoco puede comprobar la existencia de Dios (como si se tuviera que escarbar para encontrar a Dios.) Dios no necesita arqueólogos para que comprueben que Él existe. No, Él se dejará encontrar cuando lo busques.

P: ¿ES VERDADERO TODO LO QUE SE DICE EN LA BIBLIA?

R: La Biblia contiene lenguaje literal (tal como son los hechos, como tu libro de geografía) y lenguaje figurado (haciendo una imagen, como el libro de J. R. R. Tolken *El Hobbit*). Cuando Jesús dice: "Yo soy la puerta," no quiere decir que Él es una puerta; quiere decir que Él es el medio que tenemos para ver a Dios. Cuando Isaías dijo: "Los árboles de los campos aplaudirán," estaba tratando de hacer un énfasis acerca del gozo. A veces el lenguaje colorido que los escritores usan es para crear una imagen en tu mente-para ayudarte a ver lo que ellos veían. También, es importante leer más que unas cuantas palabras para que así puedas saber de lo que están hablando. Por ejemplo, alguien leyó una vez una línea de un versículo de Salmos que decía: "no hay Dios." El problema es que se le olvidó leer la primera parte del versículo que dice: "El necio dice en su corazón- no hay Dios." ¡Uf!

ApArTe de EsO...

👑 Cuando leemos la Biblia, escuchamos de cómo era Jesús según la gente que anduvo con Él mientras estaba en la tierra.

👑 La Biblia ha motivado a la gente a crear arte hermoso, a cantar y bailar, y a escribir literatura. *Las Crónicas de Narnia* de C. S. Lewis fueron inspiradas por la Biblia.

👑 Un gran número de profecías de la Biblia se ha cumplido. Si la Biblia dice una profecía que no se cumplió debió haber sido dicha por un falso profeta.

👑 La Biblia dice que
1. Dios existía antes que el universo.
2. El tiempo tiene un principio.
3. Dios creó el universo de cosas que no podemos entender.
4. Dios diseñó el universo para que podamos vivir aquí.

¿QUE DIFERENCIA HACE?

La diferencia entre leer y no leer la Biblia es:

El crecer o no crecer en una relación con el Dihos que no hizo, que nos ama, y que definitivamente quiere que le conozcamos.

Recuerda:

❖ La Biblia es algo así como el libro de Dios con instrucciones de cómo vivir.

❖ Dios nos dice cómo se creó el mundo y por qué llegamos a existir.

◆ Dios creó un libro completo para decirnos cuánto nos ama y qué es lo que ha planeado para nosotros.

◆ Las personas que leen la Biblia y quieren escuchar la voz de Dios hablándoles le oirán.

(Pasajes de la Biblia para apoyar este capítulo)

Aunque usted no lo crea

♦ Jesús se refiere al Antiguo Testamento como la Escritura- Marcos 12:10-11

♦ Dios inspiró las Escrituras- 2 Timoteo 3:16

Aparte de eso...

♦ Falsa profecía = falso profeta- Deuteronomio 18:22

¿EXISTE DIOS?

PISTA

Aunque "Dios" sea una de las palabras usadas más comúnmente en nuestro idioma, mucha gente aún se pregunta si es que siquiera Él existe. A través de la historia humana, desde el tiempo de Noé, hasta el tiempo tuyo y de tus amigos, la gente se ha preguntado eso porque quieren saber la respuesta. Es importante.

Aun así mucha gente tiene confundida la idea de Dios. Creen que es una fuerza sobre humana, una bola de fuego lista para consumirnos, un abuelito llorón en el cielo, o un policía celestial esperando a que cometamos un error. Albert Einstein dijo que Dios era "una mente matemática pura." Todas son ideas interesantes pero ninguna de ellas es correcta.

Dios es quien es no importa quién digamos que es Él. Si realmente quieres saber quién es- y si en realidad existe o no- deberás estudiar la evidencia. Es una pregunta que tiene un sí o un no por respuesta.

DIOS

¿EXISTE DIOS?

SÍ. Y QUIERE REVELARSE A TI..

Dios se revela a sí mismo por medio de la naturaleza.

¿Alguna vez has nadado en el océano, caminado por un bosque, o escalado una montaña? ¿Tienes una mascota especial como un perro o gato, o una lagartija? Ningún ser humano podría jamás crear algo tan increíble como la naturaleza. El edificio más alto en el mundo no puede competir contra una montaña. Dios creó estas cosas y por medio de ellas nos dice que Él es bueno y que quiere que disfrutemos su creación. Steve Irwin, el cazador de cocodrilos, expresa su asombro por la creación cada vez que está luchando con un cocodrilo y dice: "¡es una belleza!" El mundo natural es una cosa hermosa -lleno de lugares interesantes que explorar y criaturas extrañas que disfrutar. Todas ellas nos enseñan un poquito acerca de Dios.

Dios se revela a sí mismo por medio de la historia

La historia de los judíos no se puede contar sin mencionar a Dios. De hecho, la mayoría del Antiguo Testamento es la historia de los judíos. Dios se involucraba en sus vidas individuales y la vida de su nación. Él hablaba con ellos, se hacía cargo de ellos, los castigaba para hacerlos volver a Él cuando desobedecían, e inclusive les ayudaba a pelear sus guerras. Este es el mismo Dios, miles de años después, aun se involucra en *nuestra* vida.

Dios se revela a sí mismo por medio de las palabras.

Los profetas del Antiguo Testamento siempre iban diciendo cosas como: "Así ha dicho el Señor," o, "Palabra del Señor vino a mí." Escuchaban lo que Dios decía y le hablaban a toda persona que los escuchaba. Miles de años después, las palabras de Dios habladas por los profetas aún nos llaman desde las páginas del Antiguo Testamento.

Breve informativo

¿Alguna vez has llevado a cabo un experimento utilizando el método científico? Primero haces una pregunta, después declaras lo que crees que es verdadero, después compruebas si es verdadero o falso por medio de la experimentación. Mucha gente sólo cree que algo es verdadero si se puede comprobar científicamente. ¿Podemos comprobar que Dios existe por medio del método científico? No. Dios no se puede poner en un tubo de ensayo o exhibirse en una exposición científica. ¿Es siquiera necesario que probemos que Dios existe usando el método científico? No. ¿Existió Mozart? Sí. ¿Se puede comprobar por el método científico? No. Sabemos que Mozart existió porque tenemos prueba de sus obras y por las palabras que otra gente escribió acerca de Él. Estas cosas dan testimonio de que él existió. El que no podamos ver a alguien no significa que esa persona no exista.

- *Todas las sociedades creen en la existencia de un Dios o de dioses.* Antropólogos (gente que estudia a la gente) y arqueólogos han descubierto que gente que vivió en lugares inimaginablemente remotos en los tiempos más antiguos comparten una misma creencia de algún tipo de dios. Dios puso un anhelo por Él dentro de nuestros corazones.

- *Estamos aquí.* Tuvimos que haber comenzado a existir, de otro modo no estaríamos aquí. ¿Es cierto? ¿De dónde venimos? Tenemos padres, por supuesto, y ellos tenían padres, y ellos también tenían padres... Pero ¿dónde empezó todo? Alguien debió haber creado a la primera persona. Todo empezó cuando Dios creó a Adán.

- *Se requirió de un ser brillante para crear al mundo entero y hacerlo funcionar perfectamente.* Aun Einstein reconoció la "presencia de un poder de razonamiento superior." Einstein era muy inteligente, pero sólo Dios era lo suficientemente inteligente para crear al mundo (o a Eintein).

- *El mundo no pudo haber resultado por accidente.* Imagínate que agitaras una bolsa de un juego para armar y luego lo tiraras al suelo. ¿Acaso cada pieza caería en el lugar exacto, conectándose cada una perfectamente para crear una hermosa creación? ¡Imposible! Así como el ejemplo de los juegos para armar, mucho pensar y mucho detalle se utilizó en el diseño del universo como para decir que vino a existir por accidente.

- *Cada detalle de la creación tiene un propósito.* La gravedad nos ayuda a no volar afuera de la gran pelota a la que llamamos tierra. Newton descubrió la gravedad pero él no la inventó- la inventó Dios. Cada molécula, cada átomo, cada rara criatura microscópica tiene un propósito, una función, y no puede ser o hacer nada para lo que no ha sido destinado que sea o haga. Sólo Dios pudo programar un mundo que requiere tanta cooperación de todas las partes.

- *Muchos científicos creen que una teoría llamada la Big Bang, o la gran explosión, explica cómo empezó la tierra.* Esa teoría dice que el mundo vino a existir repentinamente, en un solo (y probablemente ruidoso) momento. También comprueba lo escrito en Génesis. Dios solamente habló en voz alta y ¡pum! La tierra existió. Probablemente se escuchó una Gran Explosión.

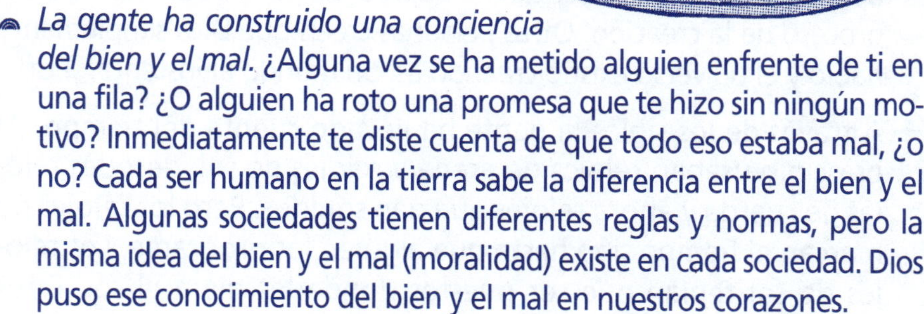

- *La gente ha construido una conciencia del bien y el mal.* ¿Alguna vez se ha metido alguien enfrente de ti en una fila? ¿O alguien ha roto una promesa que te hizo sin ningún motivo? Inmediatamente te diste cuenta de que todo eso estaba mal, ¿o no? Cada ser humano en la tierra sabe la diferencia entre el bien y el mal. Algunas sociedades tienen diferentes reglas y normas, pero la misma idea del bien y el mal (moralidad) existe en cada sociedad. Dios puso ese conocimiento del bien y el mal en nuestros corazones.

- *Dios le habla a la gente.* Dios habló en la Biblia; Él aún habla hoy. A veces la gente lo oye en sus pensamientos y a veces Él habla por medio de mensajeros como los profetas, ángeles o predicadores. Él habla en sueños, en las cimas de las montañas, en el desierto, en la soledad, en la noche, y durante el día. Es duro negar que alguien existe cuando esa persona te habla.

- *Dios cambia a la gente.* Aun un gran patán puede convertirse en buena persona cuando conoce a Dios. Los malos dejan de ser malos; los mentirosos dejan de mentir, los ladrones dejan de robar. De algún modo ellos cambian. Si les preguntaras a estas personas por qué cambiaron te dirán que sólo hay una explicación. Dios las cambió.

TELESCOPIO

+ Los científicos por todas partes están de acuerdo de que nuestro universo tiene un principio. Sin embargo estos científicos no se ponen de acuerdo en *cómo* empezó.

+ La teoría de la evolución es un intento de los científicos con el que tratan de explicar cómo nuestro universo y nuestro planeta tierra están hoy donde están. Pero el problema con la evolución es que no tiene un principio que la explique- a menos que existiera un dios que pusiera en movimiento el proceso evolucionista.

+ Algunas personas creen que Dios creó el universo durante un período de tiempo y que la ciencia nos deja ver un poco de la maravilla del proceso de la creación. Otras personas creen que Dios simplemente habló y el universo existió creando así un mundo al instante. ¡Puf!

+ A través de los siglos la gente ha llevado cuenta del tiempo. Al principio usaban relojes de arena y relojes de sol, después relojes de cuerda y ahora relojes que dan sonidos. Pero los relojes no marcan el tiempo sino hasta que alguien los programe. Los relojes de sol tenían que ser puestos donde les diera el sol. Estos relojes nada más nos ayudan a medir el tiempo y decirnos cuando comemos el desayuno- no son el tiempo mismo. El tiempo sigue y sigue como el conejito *Energizer* aunque no nos percatemos. Piensa en esto- el tiempo, ¿tiene principio? ¿Una hora cero? ¿Quién hizo al tiempo andar por primera vez?

+ Dios no necesita ponerse un reloj o mirar a los relojes porque para Él todo pasa en un momento eterno. Él puede ver todo lo que ha pasado y todo lo que ha de pasar a la misma vez. Ni siquiera tiene que adelantar o rebobinar. Muy bueno, ¿no?

+ Génesis dice que Dios creó el mundo en seis días y que en el séptimo descansó. La Biblia dice que para Dios un día es como mil años y mil años como un día. ¡Fantástico! Eso puede cambiarle por completo el significado a la frase "Que tenga un buen día."

Pregúntale al Profesor Little

P: **¿QUÉ ES LO MÁS MARAVILLOSO ACERCA DE DIOS?**

R: Puedo pensar en tres cosas acerca de Dios que son maravillosas. Primero, *Dios es omnipotente*, lo que significa que Él tiene todo poder. La Biblia dice que el universo declara el poder de Dios. Imagínate las montañas rocallosas o las enormes olas del océano. Dios hizo los cielos y Él es Señor sobre ellos. Nada es imposible para Dios. Él puede hacer todo lo que quiere- aunque decidió que cosas nunca hacer (como mentir). Dios es más que súper-grande. Dios reina y es soberano.

Segundo, *Dios es omnipresente*, lo que significa que Él esta en todas partes al mismo tiempo. No importa a donde vayas Él irá contigo- a la cima del monte Éverest, al medio del océano Pacifico, al Polo Norte, al Polo Sur, y todos los demás lugares. Él está en tu casa, en tu escuela, y en la casa de tus amigos. No hay lugar en la tierra o en el espacio sideral que esté demasiado lejos de Dios.

Tercero, *Él es omnisciente,* lo cual significa que Él lo sabe todo. Él sabe cada palabra noble y cada palabra mala que tú dices. Él conoce cada uno de tus pensamientos y cada cosa que haces. Es imposible esconder algo de Dios. Él sabe lo que vas a pensar aun antes de que lo pienses. No solamente sabe eso de ti sino de todos los habitantes de la tierra. ¡Eso es mucho de que acordarse!

P: ¿DIOS SE PASA TODO EL TIEMPO EN EL CIELO?

R: No. Dios ocupa nuestro mundo. Dios no echó a andar el universo como a un juguete de cuerda para luego sentarse como en el cine disfrutando de palomitas de maíz y refresco. Él se interesa por su creación y quiere involucrarse en ella.

P: SI ÉL HA DECIDIDO VENIR Y JUNTARSE CON NOSOTROS, ¿ESO SIGNIFICA QUE ÉL YA NO ES SUPREMO?

R: No. Afortunadamente Dios puede ser supremo y relacionarse con nosotros al mismo tiempo. La razón por la que Él puede es porque Él quiere estar con nosotros y Él puede hacer esa decisión porquepues- Él es supremo. Aun así es importante recordar que Dios sigue siendo más grande que su creación y Él es la fuente de nuestra vida. No somos sus semejantes pero, no obstante, Él quiere estar con nosotros.

P: ¿DE DÓNDE VIENE DIOS?

R: *Dios es eterno y sin tiempo*. Nunca ha tenido un principio y nunca tendrá un final. ¿Puede algo o alguien haber creado a Dios? No. Nadie o nada podría haber creado a Dios. Dios siempre ha existido. Por eso, *Dios no tiene límites, y nada lo controla*. Dios puede hacer todo lo que Él desee. Nadie le dice a Dios qué hacer. También, Dios no cambia. Él es quien es. Él no es inconstante y no se reinventa a cada rato. A veces cambia de parecer, pero nunca su forma de ser.

P: ¿TIENE DIOS UN CUERPO?

R: *Dios es espíritu*. Él no tiene un cuerpo como nosotros, pero Él es real y tiene una personalidad que podemos observar. ¿Pero sabías tú que la Biblia dice que somos hechos a su imagen y semejanza? De hecho, la próxima vez que veas a alguien, mira si le puedes ver la imagen de Dios.

P: ¿CÓMO ES DIOS?

R: *Dios es santo.* Es totalmente perfecto y todo lo que hace es bueno. El mal se aparta de Él. No puede tolerar ni la más insignificante manchita de pecado cerca de Él porque es sumamente santo. *Dios es amoroso.* Su amor es amor perfecto. Si alguien te pidiera que definieras la palabra, amor, le deberías mandar directo a la Biblia. El amor de Dios está sobre toda la Biblia. El amor de Dios está lleno de acción. Su creación fue un acto de amor. Mandar a Jesús a nacer y a morir es un acto de amor. La vida entera de Jesús aquí en la tierra tenía que ver con amar a la gente.

QUiebrA - CoCOs...

1 + 1 + 1 no siempre es igual a 3.

- Dios el Padre + Dios el Hijo (Jesús) + Dios el Espíritu Santo = 1 Ser.

- Dios es un ser pero existe en tres personas. A esto se le llama la Trinidad.

- Aunque digamos personas es importante saber que la Trinidad no son tres individuos, sino tres elementos que trabajan juntos con el mismo propósito

- Esto no es sólo una teoría que un ser humano inventó para explicar por qué Dios es de la forma que Él es; esto es lo que Dios dice acerca de sí mismo.

- Piensa en esta doctrina como Dios el creador mismo expresando su amor por nosotros por medio de Jesús y el Espíritu Santo como el activador. En el Antiguo Testamento la palabra de Dios estaba escrita en forma plural.

- En el Nuevo Testamento, Jesús les enseñó a sus discípulos a bautizar en el nombre del Padre y del Hijo y del Espíritu Santo.

Es bueno que Dios sea tres personas porque así es más fácil conocerle. Podemos ver a Dios en el mundo que Él creó. Nos podemos relacionar con Dios por medio de su Hijo Jesús, y nos podemos conectar con Dios por medio del Espíritu Santo. Todo lo que debes saber es que a veces 1+1+1 es igual a 1. (Nada más no uses este tipo de suma en tu próximo examen de matemáticas.)

QUiebrA - CoCOs...

Piensa en el número más grande que puedas... después agrégale otro número, y después otro, y otro... Ahora cuenta hacia atrás, pasas el cero hacia los números negativos, tan lejos como puedas contar y luego resta uno menos, y luego otro, y otro... Siempre habrá otro número. Esto es la eternidad.

Cuando la nave espacial Apolo 8 circulaba la luna por primera vez en 1968, el astronauta William Anders leyó la parte de Génesis que dice: "En el principio creó Dios los cielos y la tierra..." Aún los astronautas reconocen las obras de Dios cuando las ven.

¿QUE DIFERENCIA HACE?

La diferencia entre creer en el Dios de la Biblia y no creer es: Descubrir o no saber lo que Él tiene que ofrecernos.

Recuerda:

- Aun si nosotros no creemos en Dios, Él todavía existe.
- Dios nos ama, aunque nosotros no lo amemos.
- Dios nos conoce mejor que nosotros a nosotros mismos
- Dios quiere que le conozcamos

(Pasajes de la Biblia para apoyar este capítulo)

Microscopio

◈ Dios nos dio el conocimiento del bien y el mal en nuestros corazones- Romanos 1:18-20

Mira esto

◈ Con Dios nada es imposible- Marcos 10:27

◈ Dios es omnisciente. Él conoce cada pensamiento y acción- Juan 2:25

◈ Dios es omnipresente. Él está en todas partes- Salmo 139:1-16

Quiebra-cocos

◈ Jesús dijo a sus discípulos que decir cuando bautizaran- Mateo 28:19

¿ERA JESÚS REALMENTE EL HIJO DE DIOS?

Jesús afirmaba ser el Hijo de Dios, pero a través de los siglos mucha gente no ha creído en Él. Ellos estaban de acuerdo en que Jesús era un gran maestro, un hombre bueno y moral- pero no Dios. Otros creían que Jesús era exactamente quien decía ser- el Mesías, el Hijo de Dios. Pero también ellos admitieron que era difícil de comprobar.

Supongamos que alguien fuese a escribir una historia hoy en día acerca de una persona famosa que murió recientemente, por ejemplo la princesa Diana. Si hubiera dicho que ella era Dios, perdonó los pecados de la gente, y resucitó de entre los muertos, nadie lo hubiera creído- porque hay mucha gente que conoció a la princesa Diana. El relato bíblico de Jesús fue escrito y leído por gente que vivió en el tiempo de Jesús. Esta gente sabía la verdad acerca de Él.

Jesucristo

¿ERA JESÚS REALMENTE EL HIJO DE DIOS?

ABSOLUTAMENTE. JESÚS DIJO LA VERDAD ACERCA D E QUIEN ERA ÉL, Y LO SUSTENTABA CON ACCIONES- ACCIONES INCREÍBLES.

Cómo amar a una hormiga.

Digamos que le quieres decir a una colonia de hormigas cuanto las amas. (Suena razonable, ¿no?) ¿Cómo te comunicarías con ellas? La mejor cosa que puedes hacer es convertirte en hormiga. Así podrías entrar a su colonia y decirles en su lenguaje de hormiga cuanto las amas. Eso es lo que Dios hizo por nosotros. Él visitó nuestro planeta y se volvió uno de nosotros para que así nos pudiera mostrar cuanto nos ama.

Un bebé nacido en un establo sacudió al mundo.

Dios se hizo visible al mandar a su único Hijo a la tierra como un niño para que así le pudiéramos ver, tocar, y saber que Él existe. Él no era un bebé ordinario. Este era el Hijo de Dios. El mismo Dios que creó el universo. El Dios que decidió que tú fueras tú. El mismo Dios del cual su creación decidió caer en un gran y horrible montón de pecados.

Dios le dio a este bebé una madre llamada María quien quedó embarazada por medio del Espíritu Santo. Ella dio a luz al niño en un establo. En el pequeño pueblo de Belén. María y su esposo José le dieron al niño el nombre que Dios eligió: Jesús.

Jesús tenía un padrastro llamado José (quien era el esposo de María) y muchos hermanos y hermanas menores. Jesús creció en esta familia- un niño igual que tú. Trabajó como carpintero a igual que José, su padre. Pero Él no era un niño ordinario. Él era parte de la Trinidad, Dios en la tierra. Él era el Hijo de Dios, quien había sido enviado al mundo para amarnos. Su llegada sacudió al mundo. Su nacimiento dividió al tiempo en dos.

Jesús: totalmente Dios, totalmente humano, todo el tiempo.

Si Jesús sólo hubiera sido humano y no totalmente Dios, entonces el fundamento completo del cristianismo se hubiera derrumbado dentro de un poco tiempo después de su muerte. Aun estaríamos viviendo bajo las reglas del Antiguo Testamento porque nadie tendría ninguna motivo para escribir un Nuevo Testamento que hablara de Jesús. Pero Jesús era Dios viviendo dentro de la piel de un hombre. Dios se hizo hombre.

Los líderes religiosos judíos odiaban a Jesús porque afirmaba ser Dios. Se rehusaban a creer que Él era quien decía que era. Lo odiaron cuando dijo que tenía la autoridad de Dios. Dijo que Él podía perdonar pecados, dijo que tenía autoridad para juzgarnos, y dijo que podía levantar a los muertos. Los líderes religiosos sabían que sólo Dios podía hacer estas cosas.

Sólo Jesús podía hacer el trabajo de Dios.

Cuando unos hombres escucharon que Jesús estaba enseñando en la casa de alguien, pensaron que podían traer a un amigo que estaba paralítico y pedirle a Jesús que sanara al hombre. Pero cuando llegaron el lugar estaba tan lleno- la gente estaba amontonada en cada rincón, sentados arriba de otros y asomándose por las ventanas y puertas- que no pudieron encontrar un palmo de terreno donde pararse. Como no iban a dar la vuelta y irse a sus casas, se subieron al techo, hicieron un hoyo y bajaron a su amigo hacia Jesús.

Si la gente no quedó pasmada cuando vieron a este hombre bajar del techo ciertamente lo fueron cuando Jesús le dijo al hombre: "Tus pecados te son perdonados." Esto molestó a todos porque sólo Dios puede perdonar pecados. Así que para comprobar que Él era Dios, Jesús sanó al hombre- quien se puso de pie y caminó.

MICROSCOPIO

 Jesús estaba presente cuando Dios creó el mundo. De hecho Jesús ayudó a crear la tierra.

 Jesús ya era el Hijo de Dios antes de la creación del mundo.

 Jesús trató de decirle a algunas personas que Él conoció a Abraham. Pensaron que era la cosa e habían escuchado. Decían que Jesús debía de tener por lo menos cuatro mil años si eso era cierto.

 Puesto que Jesús es Dios, es *omnipotente* (todopoderoso), *omnisciente* (lo ve todo), y *omnipresente* (está en todas partes a la misma vez).

 ¿Alguna vez haz sentido mucha hambre o mucha sed? Jesús ayunó por cuarenta días y le dio mucho hambre.

 ¿Alguna vez te haz sentido cansado? A menudo Jesús caminaba "un día de trabajo" como veinte millas, y necesitaba descansar al final del día.

 ¿Alguna vez te haz enojado? Una vez, Jesús se enojó tanto con la gente que estaban vendiendo cosas donde no debían que les volteó las mesas y los echó de allí.

 ¿Alguna vez has llorado? Jesús vio por encima de la ciudad de Jerusalén y lloró porque sabía que su pueblo iba a sufrir.

- ¿Alguna vez te ha dado preocupación hacer algo? Jesús sudó gotas de sangre la noche antes de que fuera colgado en la cruz.

- ¿Te entristece cuando sabes que alguien está pasando un mal día? Jesús tuvo compasión de la gente que le rodeaba.

- ¿Hay gente que amas y te dolería si murieran? Jesús lloró cuando su amigo Lázaro murió.

+ Si quieres saber algo acerca de una persona bien conocida, tal vez leas una revista acerca de él o ella, vez una entrevista por la televisión, o vas a su página de Internet. Si quieres saber algo acerca de una compañera de clase o del equipo de fútbol, le hablas y le haces preguntas. Pero la mejor manera de conocerla es sólo preguntarle. Así que... ¿Quién dijo Jesús que era Él? El hijo de Dios. Así de sencillo.

+ Jesús sabía todo lo que le iba a pasar aun antes de que aconteciera. Él sabía las más de trescientas profecías del Antiguo testamento que hablaban de Él. El incluso leyó varias a la gente.

+ El Antiguo Testamento contiene muchas profecías acerca de Jesús. Decían cómo sería su vida. Las profecías dicen que:

Nacería en Belén

Ayudaría a la gente

Sería vendido por treinta piezas de plata para que la policía lo arrestara.

Él estaría en silencio cuando lo arrestaran

Sería condenado junto a criminales

Sería crucificado (colgado en una cruz hasta que muriera)

Su costado sería perforado

Tendría mucha sed cuando muriera

Sería enterrado por un hombre rico

Sólo estaría muerto tres días

Viviría otra vez

✚ Jesús nació en Belén, ayudó a otros, fue vendido, fue arrestado, no habló, fue condenado como criminal, fue crucificado, fue perforado con una lanza, pidió agua, murió, fue enterrado en la tumba de un hombre rico por tres días y resucitó de entre los muertos. ¿Algún parecido?

✚ El Jesús al que adoramos y en quien creemos está vivo- no está momificado o en una exposición en un museo.

✚ Porque Jesús resucitó de entre los muertos nosotros tampoco tenemos que permanecer muertos. Cuando vuelva al mundo por nosotros, nuestros cuerpos van a ser resucitados también. (Más de esto en el capítulo 10. Es muy interesante.)

✚ Dios sabía que la muerte de Jesús era necesaria para pagar por nuestros pecados y reconciliarnos con Dios. La muerte de Jesús hizo posible que Dios nos restaurara e hiciera lo que se propuso desde el principio. Así que dejó que ocurriera. Él sabía que iba a pasar. Así lo planeo Él.

1. **En Inglaterra** en los años de 1930 un hombre decidió escribir un libro que comprobaba que Jesús no resucitó de los muertos. Pero después de haber estudiado y buscado entre las evidencias, tuvo que cambiar el título del libro- *porque los hechos lo convencieron de que Jesús resucitó de los muertos.*

2. **La Biblia relata** que Jesús afirmó ser el "Hijo del Hombre" (Que significa, ser humano) ochenta veces.

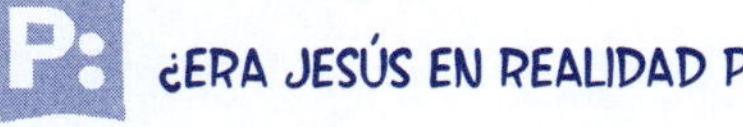

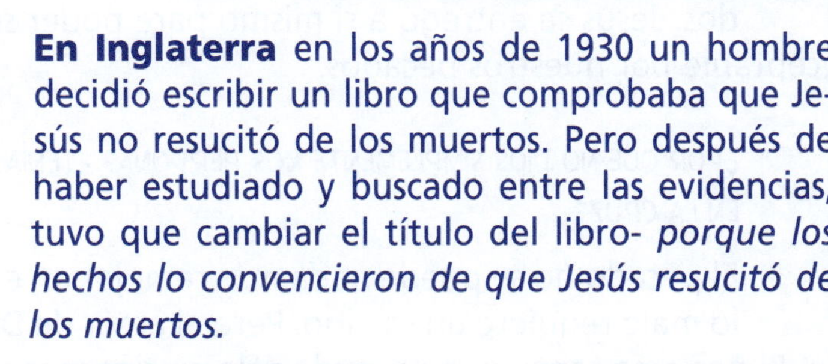

P: ¿PERDIÓ JESÚS ALGUNOS DE SUS PODERES CUANDO SE CONVIRTIÓ EN HOMBRE?

R: Jesús tenía todo el poder. En una ocasión Jesús estaba en un barco cuando una tormenta enorme apareció; Jesús se paró y ordenó al viento y a las olas que dejaran de soplar y de golpear- ¡y obedecieron! ¡Imagina el reporte meteorológico *esa* noche en las noticias! En otra ocasión un hombre ciego vino a Jesús y Él hizo que volviera a ver. Claro que tenía poder.

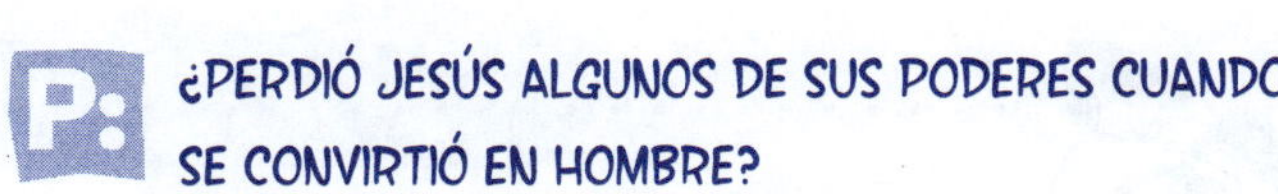

P: ¿ERA JESÚS EN REALIDAD PERFECTO?

R: Sí. Jesucristo era perfecto. El nunca pecó, ni siquiera una sola vez. Hasta desafió a la gente a que le mostraran si había pecado.

P: ¿POR QUÉ ERA TAN IMPORTANTE PARA JESÚS EL SER PERFECTO- SIN PECADO?

R: Sólo una persona perfecta podría pagar por nuestros pecados. Jesús se entregó a sí mismo para poder ser un sacrificio aceptable por nuestros pecados.

P: ¿POR QUÉ NO DIOS SIMPLEMENTE NOS PERDONA? ¿TENÍA JESÚS QUE MORIR EN LA CRUZ?

R: El pecado no se puede nada más remojar en el perdón. Todo lo malo requiere un castigo. Pero el amor de Dios es grandioso: Él nos ama tanto que no pudo sólo castigarnos así. Él dejó que Jesús llevara el castigo de nosotros.

Breve informativo

Cuando los soldados arrestaron a Jesús, los discípulos, quienes habían sido los mejores amigos de Jesús durante tres años, de repente se convirtieron en cobardes, igualito que el león del *Mago de Oz*. Todos lo abandonaron. Pedro tenía tanto miedo que tuvo que mentir y dijo que no conocía a Jesús. Después, cuando Jesús resucitó de los muertos, todos sus discípulos se volvieron leones rugientes mientras corrían gritando, "¡Él vive!".

JESÚS DIJO QUE ÉL ERA EL HIJO DE DIOS.
ESTO NOS DICE QUE ÉL ERA UNA DE
CUATRO COSAS.

¿CUÁL ES LA CORRECTA?

A. JESÚS ERA UN MENTIROSO
B. JESÚS ESTABA LOCO
C. JESÚS ERA UNA LEYENDA
D. JESÚS ESTABA DICIENDO LA VERDAD

¿Era Jesús un mentiroso? Probablemente no. Aun la gente que no cree que Él era el hijo de Dios, cree que Jesús era un gran maestro de moral. Esta misma gente cree que el decir una mentira no es bueno moralmente. Por eso, si Jesús mintiera al afirmar ser el Hijo de Dios, no habría podido ser una persona de buena moral.

¿Estaba Jesús loco? Todo lo que se ha escrito acerca de Él indica que era un ser humano normal y que no le faltaba ningún tornillo. Aun cuando estaba bajo mucho estrés, no se le botó la canica.

¿Era Jesús una leyenda? Las leyendas son historias que evolucionan y cambian cuando se cuentan y se vuelven a contar a través de muchos años. Los arqueólogos han comprobado que los escritos de Mateo, Marcos, Lucas, y Juan se escribieron en tiempo cercano el uno del otro- durante la vida de gente que de hecho conoció a Jesús. Estos escritos eran más como historias de periódico que leyendas; y no han cambiado a través del tiempo.

¿Estaba Jesús diciendo la verdad? Si no era un mentiroso, loco o una leyenda, entonces estaba diciendo la verdad, sólo la verdad, y nada más que la verdad. Y Él lo habría jurado por sobre un montón de biblias si ya se hubieran impreso.

INVESTIGA: "Y POR FAVOR SÓLO LOS HECHOS, SU SEÑORÍA."

TEORÍA: La gente que vio a Jesús resucitado estaba alucinando porque querían tanto que estuviera vivo. Sólo imaginaron que lo vieron.

HECHOS: Si así fuera, eso significaría que cientos de gentes en diferentes lugares y en diferentes ocasiones estaban teniendo alucinaciones idénticas. Eso no es posible.

TEORÍA: Los seguidores de Jesús mintieron cuando dijeron que lo vieron.

HECHOS: Muchos de ellos murieron al proclamar que Jesús resucitó de los muertos. Nadie es tan torpe como para morir por una mentira.

TEORÍA: Los discípulos de Jesús robaron el cuerpo.

HECHOS: Soldados romanos armados estaban cuidando la tumba.

TEORÍA: Las autoridades movieron el cuerpo.

HECHOS: Las autoridades *no querían* que removieran el cuerpo. Su peor pesadilla sería que la tumba estuviera vacía.

TEORÍA: Los discípulos buscaron en la tumba equivocada. Jesús aun estaba en una tumba diferente.

HECHOS: Si eso hubiera acontecido las autoridades se habrían burlado de su error y mostrado el cuerpo de la tumba verdadera.

TEORÍA: Jesús no estaba muerto, sólo se desmayó y fue sepultado vivo. Más tarde sólo se escapó caminando.

HECHOS: Habría tenido que zafarse de los treinta y cinco kilos de vendas apretadas que lo ataban como a una momia, mover la roca enorme que bloqueaba la puerta, luchar y derrotar a los guardias, y salir caminando después de casi desangrarse tres días antes.

TEORÍA: Jesús está muerto.

HECHOS: Jesús está vivo hoy en día.

ApArTe de EsO...

♛ Jesús anduvo en la tierra durante cuarenta días después de la resurrección con el propósito de comprobar a sus seguidores que Él estaba vivo de verdad. Se aparecía de vez en cuando. Una vez platicó con dos personas que caminaban por un sendero, en otra ocasión se apareció en medio de quinientas personas. Una de las últimas cosas que hizo en la tierra fue preparar el desayuno; Mientras que los discípulos pescaban desde un barco, Jesús se apareció en la orilla de la playa e hizo una fogata. Cuando llegaron a tierra para desayunar les dio pescado.

♛ Jesús vino como un niño nacido en un establo, trabajó como carpintero, y pasó uno de sus últimos días descansando en la playa, cocinando pescado, con sus amigos más cercanos: pescadores mugrientos. Así era Jesús, el Hijo de Dios, pasando el tiempo con su creación.

♛ Después de que Jesús murió, volvió a vivir y pasó tiempo con sus amigos, fue llevado al cielo- así terminó el trabajo que vino a hacer: Salvarnos de la muerte. Con Jesús sentado junto al trono de Dios, se nos permite entrar al lugar del trono sin restricciones; nada más tenemos que orar. Y por medio de Jesús, Dios nos ve, santos y sin mancha.

♛ La Biblia dice que Jesús está aun en el cielo, preparando un lugar para nosotros para que vivamos con Él.

Cuando Jesús murió, murió como un hombre. Dios no murió. Cuando morimos, nuestro cuerpo muere, pero nuestra alma y espíritu siguen viviendo. Jesús experimentó la muerte humana, pero aun así su cuerpo físico volvió a vivir.

JUEGO DE NOMBRES

Jesús – el nombre que se le dio al nacer

Cristo – "el ungido" en griego

Mesías – "el ungido" en hebreo

¿Qué significa el ungido?
Significa que ésta es la única persona que puede hacer el trabajo.

Rey de los judíos – un título político dado por los gobernantes

Señor – maestro o gobernante

Salvador – una persona que salva a otros

Hijo de Dios/ Hijo del hombre – era el hijo de Dios nacido del cuerpo humano de María

Cordero de Dios – sacrificio de Dios

Maestro – el que nos ayuda a aprender

Rabí – un líder religioso judío

Pastor – el que se preocupa por nosotros

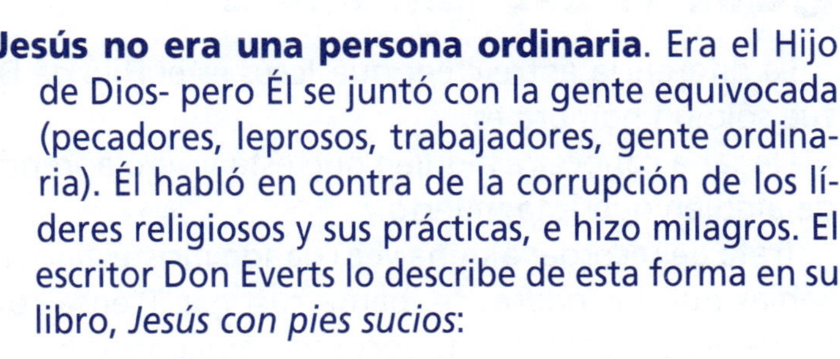

Jesús no era una persona ordinaria. Era el Hijo de Dios- pero Él se juntó con la gente equivocada (pecadores, leprosos, trabajadores, gente ordinaria). Él habló en contra de la corrupción de los líderes religiosos y sus prácticas, e hizo milagros. El escritor Don Everts lo describe de esta forma en su libro, *Jesús con pies sucios*:

Jesús fue amado
   Jesús fue odiado.
La gente o
   Felices dejaban
Todo
   Para seguirle,
O escupían con disgusto
   Y tramaban matarle.
Sus palabras eran demasiado claras,
   Su vida muy vislumbrante,
Sus acciones milagrosas
   Para que aquellos que le vieron con sus pies sucios
Osaran responderle de otra forma.

¿QUE DIFERENCIA HACE?

La diferencia entre creer que Jesús es el Hijo de Dios y creer que fue sólo un hombre es:

Llegar a conocer a alguien que está vivo o aprender cosas acerca de alguien que está muerto.

Trata de recordar alguna vez cuando hiciste algo realmente malo. Sabías que tus padres te iban a castigar. Piensa cómo te sentiste. Recuerda el temor y la preocupación mientras esperabas que te castigaran. Ahora imagina a alguien que llega diciendo que va a tomar tu castigo en lugar de ti. Eres libre de irte a jugar y el se quedará y será castigado. Sería demasiado bueno para ser cierto. Eso es lo que Jesús hizo por nosotros al morir en la cruz. ¿Dónde encontraste eso?

(Pasajes de la Biblia para apoyar este capítulo)

Aunque usted no lo crea

♦ Jesús es totalmente Dios. Él dijo: "Yo y el Padre (Dios) somos uno." – Juan 10:30

♦ Jesús perdonó pecados – Lucas 5:20

Microscopio

♦ Jesús estaba presente cuando Dios hizo la tierra – Colosenses 1:16

♦ Jesús nunca pecó – Hebreos 4:15

Telescopio

♦ Jesús iba a nacer en Belén – Miqueas 5:2; Mateo 2:1

♦ Jesús sería vendido por treinta piezas de plata – Zacarías 11:12; Mateo 26:15

♦ Jesús iba a estar en silencio cuando lo arrestaran – Isaías 53:7; Mateo 27:12-19

♦ Jesús sería condenado junto a criminales – Isaías 53:12; Mateo 27:38

♦ Jesús sería perforado – Zacarías 12:10; Juan 19:34

♦ Jesús tendría mucha sed cuando muriera – Salmo 69:21; Juan 19:28

♦ Jesús sería enterrado por un hombre rico – Mateo 27:57–60

♦ Jesús sólo estaría muerto tres días – Jonás 1:17; Mateo 12:40

♦ Jesús viviría otra vez – Salmo 16:10; Hechos 2:31

REBOBINA

Capítulo 1

+ Más de 40 escritores escribieron la Biblia a través de un período de 1600 años.

+ Nosotros podemos confiar en la Biblia porque Dios inspiró cada palabra, también los escribas mantuvieron las copias sin errores.

+ Descubrimientos arqueológicos han comprobado la verdad de muchos eventos específicos en la Biblia.

Capítulo 2

+ Dios es *omnipotente* (que todo lo puede). Nada es imposible para Él.

+ Dios es *omnisciente* Él lo sabe todo.

+ Dios es *omnipresente* (está en todas partes). Él estará contigo a donde quiera que tú vayas.

+ Dios, Jesús, y el Espíritu Santo son un solo ser que existe como tres personas distintas. A esto se le llama la Trinidad.

Capítulo 3

+ Jesús estaba presente cuando Dios creó la tierra; Dios creó la tierra por medio de Jesús.

+ Jesús era totalmente Dios y totalmente humano.

+ Jesús murió en la cruz por nuestros pecados, resucitó de entre los muertos, y vive todavía.

¿QUÉ TIENEN EN COMÚN EL ALIENTO, VIENTO, FUEGO, ACEITE Y EL AGUA?

PISTA

Todos estos se usan para describir un ser de la Biblia. Él tiene una personalidad, puede pensar, y tiene sentimientos. Él puede tomar decisiones. Es eterno (vivirá por siempre) y es omnipresente (está en todas partes). Dios no sería Dios sin Él. Jesús dijo que una blasfemia (insulto) contra esta persona es peor que una blasfemia contra Él mismo- y es el único pecado que Dios no perdonará.

El Espíritu Santo

¿QUÉ TIENEN EN COMÚN EL ALIENTO, VIENTO, FUEGO, ACEITE Y EL AGUA?

SON PALABRAS QUE SE UTILIZAN PARA DESCRIBIR AL ESPÍRITU SANTO.

El Espíritu Santo es nuestro consolador.

Jesús dijo que el Espíritu Santo es nuestro consolador. Él es como un mejor amigo. Que siempre está allí cuando te sientes solo y triste. Él nos da consuelo cuando nadie más puede.

El Espíritu Santo es nuestro consejero.

Cuando necesitamos consejo, el Espíritu Santo nos enseña y nos recuerda las cosas que Jesús dijo, sólo en caso de que se nos hayan olvidado.

El Espíritu Santo nos ayuda a entenderle.

Él nos ayuda a entender lo que leemos en la Biblia, y resalta cosas que necesitamos saber. Empezamos viendo lo que la Biblia dice acerca de quien es Él y que es lo que hace, y después Él hace lo demás. Es buena idea pedirle que te ayude a entender la Biblia cada vez que la empieces a leerla. Necesitamos que el Espíritu nos ayude a entenderle a Él mismo, porque eso es parte de su trabajo-nos ayuda a entender las cosas.

El Espíritu Santo es igual que Dios y Jesús.

A esto le llamamos la Trinidad. La Trinidad es: Dios el Padre + Dios el Hijo (Jesús) + Dios Espíritu (el Espíritu Santo) = Un Ser. Si esto es difícil de entender, tal vez te ayude si piensas en algo más ordinario como el agua que existe en tres formas. El agua puede ser hielo (sólido), agua (líquido), o vapor (gas). Cada forma tiene sus propias características, pero aun así cada forma es agua.

El Espíritu Santo le habla a la gente.

Una vez el Espíritu Santo le dijo al joven llamado Felipe que caminara a un lado del carruaje de un hombre de Etiopía que estaba buscando aprender de Dios. Felipe obedeció y el hombre terminó creyendo en Jesús y fue bautizado. Está en la Biblia, en el libro de Hechos Capítulo 8, si quieres ir a ver.

Breve informativo

¿Qué es lo que hace el Espíritu Santo?

Revela a Jesús

Nos consuela

Nos aconseja

Nos da sabiduría

Ora por nosotros

Nos da poder

Nos ayuda en nuestras debilidades

Nos da dones espirituales

Nos da los frutos del Espíritu

Nos convence de pecado

Vive en nosotros.

El Espíritu Santo habla con Dios cuando nosotros no sabemos que decir.

¿Alguna vez te ha pasado que le quieres decir algo a alguien y simplemente no puedes pensar en las palabras apropiadas? ¿No sería grandioso si alguien que supiera lo correcto hablara por ti? Bueno eso es lo que el Espíritu Santo hace. La Biblia Dice que Él toma nuestras peticiones y las presenta ante Dios con gemidos indecibles.

Breve informativo

Nombres del Espíritu Santo

Espíritu de verdad

Espíritu de sabiduría y conocimiento

Espíritu consejero

Espíritu de poder

Espíritu de entendimiento

Espíritu de la promesa

Espíritu de gloria

El Espíritu Santo es quien nos convence de pecado.

La razón por la que nos sentimos mal cuando hacemos algo malo es porque el Espíritu Santo está trabajando en nosotros.

El Espíritu Santo nos hace justos.

Siendo justos no tendremos nada que esconder de Dios. El Espíritu se asegura que sepamos cómo llegar a ser justos.

El Espíritu Santo nos advierte del juicio venidero.

Cuando el Espíritu Santo nos convence de nuestro pecado y lo vil que somos, esto debiera hacernos correr hacia Jesús- lo cual es excelente porque allí es exactamente donde debemos estar. Si estamos de pie solos cuando el juicio venga estaremos en gran problema porque necesitamos a Jesús para que nos haga justos y limpiarnos de nuestros pecados.

El Espíritu Santo nos da regalos. Estos no son como los pequeños regalos que están debajo del pino o regalo de cumpleaños para estrenar por una semana. Estos son regalos espirituales que le da a todos los cristianos.

En una carta que escribió a los miembros de una iglesia en Corinto, el apóstol Pablo hizo una lista de los dones que el Espíritu Santo da. Dijo que el Espíritu Santo da los dones de:

> sabiduría
>
> conocimiento
>
> fe
>
> sanidad
>
> milagros
>
> profecía
>
> discernimiento
>
> hablar en otras lenguas
>
> interpretación de lenguas

El Espíritu Santo reparte estos dones como a Él le place.

Algunos de ellos te parecerán misteriosos y tal vez te preguntes por que son llamados dones. Todos estos dones son necesarios para que la iglesia se mantenga sana.

El Espíritu Santo se asegura que todos reciban los dones correctos para que así Él pueda compartir sus dones con toda la iglesia.

TELESCOPIO

✦ El Espíritu Santo ha existido desde hace mucho tiempo- desde la eternidad para ser exacto. Pero en la tierra Él ya estaba vivo haciendo su obra desde los tiempos de cuero y lana del Antiguo Testamento.

✦ El Espíritu Santo ayudó con la creación del universo. Génesis dice que se movía sobre las aguas.

✦ El Espíritu Santo dio sabiduría y destrezas para trabajos en particular a alguna gente en particular del Antiguo Testamento. A los guerreros se les dio poder y a los jueces se les dio sabiduría. ¡En un momento sorpresivo el Espíritu ayudó a Sansón a destrozarle las mandíbulas a un león! En otra ocasión el Espíritu Santo ayudó a un artista llamado Bezaleel (si no puedes pronunciar su nombre, sólo llamémoslo Bez) para que así pudiera crear preciosas obras de oro, plata y bronce para decorar el tabernáculo (El cual eía una tienda hermosa donde los judíos adoraban a Dios).

✦ El Espíritu Santo inspiró a los profetas. Algunas veces empezaban sus mensajes de Dios así: "El Espíritu vino a mí," o "Le escuché decirme." En el Nuevo Testamento, Pablo dice que el Espíritu habló por medio de los profetas.

✦ Una vez, cuando el Rey David se disculpó con Dios por haber hecho algo muy malo, le rogó a Dios que no quita-

ra su Espíritu de él. Él quería hacer el bien, y sabía que necesitaba al Espíritu Santo para poder hacerlo.

✦ Mucho del Antiguo Testamento se relaciona con el día en que Jesús vendría a la tierra. Junto con la promesa de Jesús había promesas de derramamiento del Espíritu Santo. Por medio de los profetas, Dios dijo cosas como: "Derramaré de mi Espíritu sobre vuestros hijos y sobre sus hijos," "Derramaré de mi Espíritu sobre toda nación" (no sólo a los judíos), y "Derramaré de mi Espíritu en esos días."

Por todo el Antiguo Testamento, se repiten promesas acerca de que el Espíritu Santo y Jesús iban a venir. Como una venta del dos por uno.

P: ¿POR QUÉ ROGÓ DAVID QUE EL ESPÍRITU DE SANTO SE QUEDARA CON ÉL? ¿ACASO NO ESTÁ SIEMPRE CON NOSOTROS?

R: En el Antiguo Testamento, cuando el Espíritu venía a las personas era por poco tiempo. Venía, hacía su trabajo, y luego se iba. No era la misma relación que tienes con tus amigos. Él nada más llegaba, se quedaba por un rato, y después se iba. Después que Jesús dejó la tierra y subió al cielo, mandó al Espíritu Santo a su gente exactamente como había prometido que lo haría- y el Espíritu ha estado con nosotros desde entonces.

P: LA GENTE DEL ANTIGUO TESTAMENTO ¿NO LO EXTRAÑABAN CUANDO NO ESTABA?

R: Sí, así era. Muchos escritores en el Antiguo Testamento suplicaban al Señor en busca de ayuda- y puedes ver que todo lo que querían era una relación cercana con Dios. No lo entendieron totalmente, pero lo que querían era la llenura del Espíritu Santo.

P: ¿CÓMO ERAN LOS TIEMPOS CUANDO EL ESPÍRITU SANTO LLEGÓ?

R: En el día del Pentecostés, siete semanas después de que Jesús saliera de la tumba, los creyentes se juntaron en un mismo lugar. De pronto un fuerte viento vino desde el cielo, y –pon atención a esto- lenguas de fuego se asentaron sobre sus cabezas como una indicación física de su presencia. Fueron llenos del Espíritu Santo y empezaron a hablar en otras lenguas, según el Espíritu les daba que hablaran. En este punto Pedro (conocido también como la piedra) se levantó y anunció a la multitud: "Esto es de lo que hablaba Joel, el profeta del Antiguo Testamento"

P: ¿CÓMO PUEDES SABER HOY QUE EL ESPÍRITU SANTO ESTÁ AQUÍ Y QUE ESTÁ HACIENDO SU OBRA?

R: Por medio de los frutos del Espíritu. Pero no estamos hablando de manzanas, duraznos, y plátanos. Los frutos del Espíritu son amor, gozo, paz, paciencia, benignidad, bondad, fe, mansedumbre y templanza. Al igual que las frutas que comemos, los frutos del Espíritu se pueden ver después de que algo se ha plantado y empezado a crecer. Y tú puedes dejar al Espíritu Santo producir tanto fruto como Él quiera porque la Biblia dice que contra tales cosas no hay ley.

P: DESPUÉS DE QUE EL ESPÍRITU SANTO NOS LLENA ¿SE VA Y VUELVE A VENIR O SE QUEDA?

R: Se queda. La Biblia dice que el cuerpo del creyente en Cristo es la casa del Espíritu Santo. Se mueve en ti. Tu cuerpo es una de sus direcciones. A veces el Espíritu Santo es más notable- como cuando te remuerde la conciencia, o cuando te da más energía para poder hacer algo desafiante o cuando te da poder para hacer cosas especiales como profetizar- pero la mayor parte del tiempo está esperando a que lo necesitemos.

Breve informativo

El diablo trabaja como loco para convencernos de que el pecado no es un problema. Parte del trabajo del Espíritu Santo es decirnos "órale, espérate un momentito" por que el pecado nos separa de Dios. Y eso es un problema. Así que cuando el Espíritu Santo nos "convence" (nos hace saber que hicimos mal), nos está haciendo un gran favor.

ApArTe de EsO...

🔱 Al igual que como invitas a tus amigos a visitarte, también le puedes decir al Espíritu Santo que te visite-a excepción de que Él nunca tiene que irse. Una pijamada permanente. Y ni siquiera tienes que pedirle permiso a tus padres.

🔱 El Espíritu Santo es una persona. Tenemos una relación con Él. Cuando convives con tus amigos platican el uno al otro y disfrutan de su compañerismo. Tú puedes hacer lo mismo con el Espíritu Santo.

🔱 Él te llenará tanto como tú lo dejes. Él no empuja para meterse.

🔱 Mientras más escuches al Espíritu Santo, y lo dejes controlarte, más experimentarás, el gran poder, la emoción, y la satisfacción del conocimiento de Dios.

🔱 La llenura del Espíritu sucede cuando la necesitamos más. El Espíritu nos llena cuando necesitamos el poder y las agallas para hablar acerca de Dios. Él nos llena cuando tenemos un gran problema que debemos resolver. El Espíritu Santo nos llenará incluso sólo porque nos damos cuenta de que lo necesitamos y le pedimos que nos llene.

🔱 Dios no se limita a cuantas veces podemos ser llenos. De hecho, la Biblia nos dice que debemos de seguir siendo llenos. Aunque a veces no parezca, uno puede comer demasiada pizza- pero es *imposible* llenarse lo suficiente del Espíritu Santo.

¿QUE DIFERENCIA HACE?

La diferencia entre invitar o no invitar al Espíritu Santo a tu vida es: Ser sellados o no ser sellados como parte de la familia de Dios.

Recuerda:

- Dentro del paquete de cada juego de video hay un sello que indica su autenticidad- en otras palabras, no es una imitación o una copia. Es algo auténtico. Certificado. Esto es lo que el Espíritu Santo hace en nosotros. Él pone su sello de pertenencia en nosotros. Este sello es nuestra prueba positiva que somos el cien por ciento cristianos y que pertenecemos a Dios.

- Si alguien no tiene al Espíritu Santo en él o ella, no pertenece a Jesús. Pero si alguien es cristiano, el Espíritu Santo vive en él o ella. Este es el sello que demuestra que pertenece a Dios.

- Este sello no es algo que puedes ver como un tatuaje que dice "Espíritu Santo." Es un sello invisible. Pero Dios lo puede ver, y la gente que convive contigo notará como te afecta.

- El Espíritu Santo viene a vivir en ti en el instante en que tú aceptas a Jesucristo- aunque te equivoques a veces.

(Pasajes de la Biblia para apoyar este capítulo)

Aunque usted no lo crea

◆ El Espíritu Santo ora por nosotros- Romanos 8:26

Microscopio

◆ El Espíritu Santo da dones- 1 Corintios 12:8-10

¿QUÉ EVENTO EN LA HISTORIA DE LA RAZA HUMANA, MARCÓ LA TRAGEDIA MÁS GRANDE?

PISTA

Tiene que ver con un árbol, una fruta de ese árbol, una serpiente, y una elección decisiva hecha por el primer hombre y la primera mujer que caminaron sobre la faz de la tierra. El resultado de estas cuatro cosas alteraron la historia humana e hicieron que Dios mandara a su Hijo Jesús a la tierra.

El Pecado

¿QUÉ EVENTO EN LA HISTORIA DE LA RAZA HUMANA, MARCÓ LA TRAGEDIA MÁS GRANDE?

EL PRIMER HOGAR DE ADÁN Y EVA ERA UN HERMOSO JARDÍN QUE DIOS HIZO PARA QUE ELLOS VIVIERAN EN ÉL. ERA UN MUNDO ESPECTACULAR, CON MUCHAS CRIATURAS INCREÍBLES EN UNA ARMONÍA PERFECTA. LOS PECES DEL MAR, LAS AVES DE LOS CIELOS, LOS ANIMALES, Y TODOS LOS BICHOS QUE SE ARRASTRAN SOBRE LA TIERRA FUERON DADOS A ADÁN Y EVA PARA QUE LOS CUIDARAN Y LOS DISFRUTARAN. RECIBIERON AUTORIDAD SOBRE ESTAS CRIATURAS Y A ADÁN SE LE DIO EL TRABAJO DE PONERLE A CADA UNO UN NOMBRE. ("¡OYE TÚ, EL DE ALLÁ QUE TIENE UNA COLA EXTRA POR DELANTE- TE VAS A LLAMAR ELEFANTE!") TAMBIÉN FUERON LAS PRIMERAS PERSONAS EN SER FAMOSAS PORQUE FUERON LAS PRIMERAS PERSONAS QUE DIOS CREÓ. EN LAS NOCHES FRESCAS, CAMINABAN CON DIOS Y HABLABAN CON ÉL CARA A CARA. PUDIERON HABER VIVIDO FELICES PARA SIEMPRE… SI NO HUBIERA SIDO POR EL EVENTO TRÁGICO QUE LO CAMBIÓ TODO.

EN LUGAR DE ESCUCHAR A DIOS, EVA ESCUCHÓ A LA SERPIENTE- QUIEN EN REALIDAD ERA EL DIABLO- Y COMIÓ EL FRUTO QUE ÉL LE DIO DEL ÁRBOL DEL CONOCIMIENTO DEL BIEN Y EL MAL. ERA EL ÁRBOL DEL CUAL DIOS LES HABÍA DICHO QUE NO PODÍAN COMER. BUENO ESA MORDIDA LO CAMBIÓ TODO. EL PECADO ENTRÓ AL MUNDO. PECADO DETESTABLE, ASQUEROSO Y HORRIPILANTE. COCHINADA ABSOLUTA. ESE ACONTECIMIENTO AL PRINCIPIO DEL TIEMPO ES A LO QUE LLAMAMOS "LA CAÍDA"

Dios te hizo a su imagen

La imagen de Dios que se nos ha dado no es como la que tú ves en un espejo o en un álbum de fotografías de tus última vacaciones, más bien es el reflejo de lo que Dios es. La imagen de Dios tiene que ver con nuestro espíritu.

Adán y Eva ciertamente hablaban con Dios cara a cara.

Por las tardes, Adán y Eva caminaban con Dios por el jardín. Dios les dio la habilidad de usar sus mentes y suficiente inteligencia para que pudieran hablar con Él. Hablaban con Dios y Dios hablaba con ellos. Esto no era una llamada de larga distancia de parte del cielo- esto era tiempo verdadero, de cercas, y personal con Dios.

El primer hombre alguna vez fue polvo.

Con certeza, fuimos creados a propósito. El mismo Dios que dio existencia al universo, creó al primer humano del "polvo" de la tierra.

Dios sopló su vida en el hombre.

Nos volvimos humanos cuando Dios sopló el "aliento de vida" en este hombre hecho de polvo. El hombre llegó a ser un ser viviente que respiraba. Este ser humano era también una creación muy especial que Dios creó a su "propia imagen."

La primer mujer fue una vez una costilla de refacción.

Después Dios tomó una costilla de este hombre (no te preocupes Adán estaba dormido), y de la costilla extra creó a una mujer. Ella también fue creada a la imagen de Dios.

Ese sentir que tenemos cuando hacemos algo mal es bueno.

Se le llama conciencia, y Dios lo puso en nosotros por una buena razón.

Parte 1

Porque parte de nuestra humanidad fue soplada por Dios somos más que sólo un cuerpo formado por células de ADN y carne y hueso. Tenemos un alma y un espíritu, lo cual la es parte de nosotros que podemos ver. Esta parte de ti no puede ser clonada, duplicada o re-creada. Tú eres creación de Dios única, hecha a la precisión. A veces le llamamos a esta parte de nosotros que no vemos corazón. Pero Dios nos ve como una sola persona con cuerpo, alma y espíritu.

Parte 2

Mira a una mascota, sea gato o perro. Se pregunta acaso, "¿Hay Dios?" ¿Ha hecho un rascacielos o hecho un video musical? Claro que no. Pueden servirnos de compañía pero no pueden crear. Nosotros hacemos estas cosas porque somos diferentes a los animales. Somos la creación especial de Dios.

MICROSCOPIO

- La desobediencia de Adán y Eva trajo pecado a la raza humana entera.

- El pecado arruinó todo lo que Dios había planeado para su creación.

- El pecado ha hecho que la gente tenga que trabajar duro para poder sobrevivir.

- El pecado es ahora parte de nuestra naturaleza.

- Todos hemos pecado y estamos destinados a la muerte a causa de nuestro pecado. Sin excepciones.

- El pecado nos separa de Dios. Nos hace sentir solos

- El pecado nos hace sentir una horrible sensación de culpa.

- El pecado nos trae sentimientos de tristeza.

- El pecado distorsiona la imagen de Dios en nosotros.

- El pecado entristece a Dios

- Todo pecado quebranta la ley de Dios- sin importar si el pecado es grande o pequeño.

- Todo pecado es directamente contra Dios. Cuando pecamos, aunque sea contra otra gente, es a Dios a quien hemos ofendido.

Dios no puede y no podrá tolerar la más pequeñísima mancha de pecado. El pecado es feo y desagradable para Dios. Imagínate la cosa más sucia y podrida en esta tierra. Así es como Dios ve al pecado. Nosotros no siempre vemos al pecado pero Dios sí.

+ Sin Jesús nosotros estaríamos atorados en nuestros pecados.

+ Jesús era Dios aterrizando en la tierra. Jesús era uno de nosotros. Él es nuestro pasaporte para llegar al cielo cuando muramos.

+ Jesús murió en la cruz para convertirse en el sacrificio que pudiera pagar por nuestro pecado- un sacrificio de una vez por todas.

+ Por medio de Jesús, Dios perdona nuestros pecados.

+ Porque hemos pecado, merecemos morir. La gracia de Dios es lo que recibimos en lugar de lo que en realidad debiéramos recibir por parte de Dios. La gracia es cuando Dios nos da cosas buenas cuando no las merecemos.

+ Cuando Jesús perdona nuestros pecados, nos convierte en gente nueva. Nuestro nuevo yo se empieza a parecer a Jesús en sus hechos y pensamientos. Este nuevo yo lucha con el antiguo yo. Estamos en camino a una eternidad sin pecado; y cuando lleguemos allá, nuestro Antiguo yo se quedara atrás.

+ Todo lo que tenemos que hacer es aceptar el perdón de Jesús.

Pregúntale al Profesor Little

P: ¿CÓMO PUDIERON ADÁN Y EVA ESCOGER EL PECADO SI NO HABÍA ENTRADO EN LA TIERRA TODAVÍA?

R: Antes de que el pecado viniera al mundo, Adán y Eva sólo querían estar con Dios. Era parte de su naturaleza. No querían pecar. Aun así eran capaces de ser tentados y capaces de tomar decisiones. Ambos, Adán y Eva, escogieron pecar cuando fueron tentados a pecar- la obra del libre albedrío.

P: ¿CÓMO SERÍA EL MUNDO SI ADÁN Y EVA NO HUBIERAN PECADO?

R: Si hubieran escogido no pecar, todo sería diferente. Todos viviríamos en el jardín hablando con Dios y nada malo pasaría. Este es el mundo que Dios nos quiere restaurar, y un día lo hará. Pero mientras tanto, estamos atorados con el pecado y todas las cosas malas que trae.

P: ¿SI EL PECADO ES TAN MALO, Y NACEMOS CON ÉL, SIGNIFICA QUE SOMOS PERSONAS TERRIBLES SIN IMPORTAR LO QUE HAGAMOS?

R: No. Dios no nos hizo personas terribles. Dios nos creó a su imagen y nos dio vida de su aliento. Es cierto que hemos nacido con el deseo de pecar, pero hay cosas buenas que vienen de nosotros porque somos la creación de Dios. Dios quiere deshacerse del pecado, no de nosotros. Pero por causa del pecado aun estamos separados de Dios- y eso es un problema para nosotros.

P: ¿QUIERE DECIR QUE AUN LA GENTE COMO BILLY GRAHAM Y LA MADRE TERESA PECAN?

R: La gente más buena peca. Algunas personas pecan más seguido que otras, y el pecado de otras gentes causa más pecado a más gente pero el pecado sigue siendo pecado. Y todos pecamos.

P: ¿QUÉ NO SON LOS PECADOS COMO MATAR PEORES QUE OTROS PECADOS PEQUEÑOS?

R: Claro que es diferente un asesino con hacha que alguien que le dice idiota a su hermanito. Y las consecuencias de los pecados grandes son muy serias. Pero, los pecados pequeños son aun pecaminosos. Dos cosas siguen siendo verdad acerca del pecado grande y pequeño. Primera, todos los pecados son contra Dios. La segunda es que quebrantamos la ley de Dios cuando pecamos.

P: ¿PUEDES PENSAR DE UNA FORMA EN QUE ME AYUDE A ENTENDER QUE AUN LOS PECADOS PEQUEÑOS SE VEN MAL ANTE DIOS?

R: Imagina al pecado como si fuera cambios de elevación. Piensa en una persona que tiene pecados pequeños como una persona en una duna de la playa. No se ve muy lejos de nosotros. Ahora imagínate a una persona con pecados del tamaño de una montaña parada en la cima del monte Everest (más de ocho mil metros sobre el nivel del mar). Se ve monstruosamente lejos. Parece que la persona en el monte Everest no tiene una oportunidad de ser lo suficientemente buena para cumplir las medidas de Dios, mientras que la persona en las dunas de la arena está sólo a un pelito de cumplir las medidas de Dios. Bueno, piensa acerca de cómo sería la perspectiva de Dios: Él tiene su medida y nos mide, nada más que su forma de ver es como de una foto tomada desde el espacio sideral. Las dunas de arena y el monte Everest se ven igual desde el espacio.

ApArTe de EsO...

🪱 ¿Alguna vez te has preguntado cómo sería tener un robot en tu casa? Podría hacer tus quehaceres en tu lugar y tal vez hasta tu tarea. Aun podría hablarte a ti. Todo lo que tendrías que hacer sería programarlo para que hiciera esas cosas y enseñarlo a obedecer tus órdenes.

Pero cuando terminas tus quehaceres y tu tarea, te aburres.

Así que, tal vez te gustaría invitar a un amigo a que te visite. Pero ¿para qué llamar a un amigo cuando tienes tu robot para que te haga compañía? Respuesta fácil: Porque un robot es un tipo aburrido. Un robot no puede decidir ser tu amigo. Todo lo que un robot puede hacer es lo que sido programado que haga.

Dios no quería robots que le hicieran compañía; Dios quería amigos. Por eso es que Él nos creó como humanos y no como robots.

🪱 Como Él era Dios nos podía haber obligado a que lo amaramos, pero no lo hizo. Él quería que escogiéramos amarlo. A esta libertad de escoger se le llama libre albedrío.

🪱 El regalo de Dios del libre albedrío dejó a Adán y a Eva con la libertad de escoger si iban a obedecer o desobedecer a Dios. Como escogieron desobedecer, decidieron pecar. C. S. Lewis dijo una vez que Dios sabía que iba a pasar pero pensó que valía la pena arriesgarse.

🪱 No somos robots. Nuestras decisiones pecaminosas nos han separado de Dios.

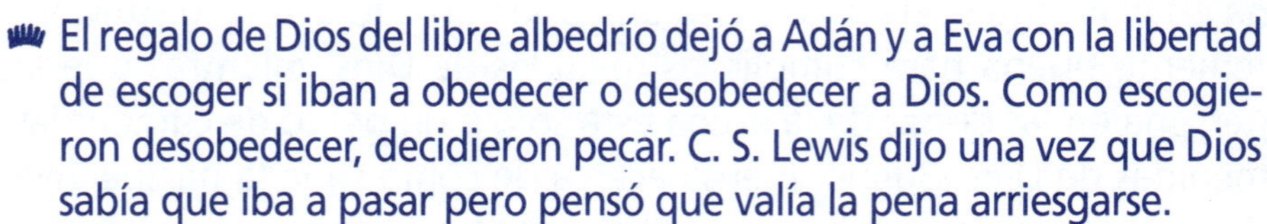

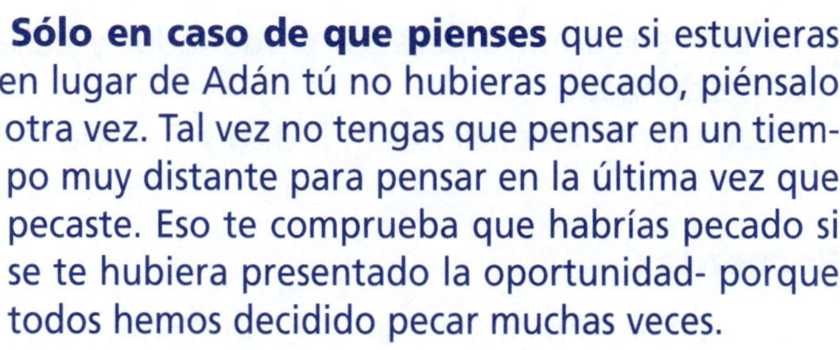

Sólo en caso de que pienses que si estuvieras en lugar de Adán tú no hubieras pecado, piénsalo otra vez. Tal vez no tengas que pensar en un tiempo muy distante para pensar en la última vez que pecaste. Eso te comprueba que habrías pecado si se te hubiera presentado la oportunidad- porque todos hemos decidido pecar muchas veces.

Un árbol de manzanas no es un árbol de manzanas porque da manzanas- da manzanas porque es un árbol de manzanas. Nosotros no somos pecadores porque pecamos- pecamos porque somos pecadores. ¿Lo entendiste? El pecado te puede confundir.

¿QUE DIFERENCIA HACE?

La diferencia entre pecados perdonados y pecados que no han sido perdonados:

Gozo eterno en el cielo con Dios o separación eterna de Dios.

Recuerda :

◈ Todos hemos nacido en pecado. Todos pecamos

◈ Jesús tiene el poder de perdonar nuestros pecados, porque Jesús murió en la cruz.

◈ Si queremos que Jesús nos perdone, tenemos que pedirle.

◈ Cuando Él nos perdona, recibimos vida eterna.

¿Dónde hallaste eso?

(Pasajes de la Biblia para apoyar este capítulo)

Microscopio

♦ Todos hemos pecado- Romanos 3: 23

♦ El pecado nos separa de Dios- Isaías 59: 2

♦ Dios no tolera el pecado- Habacuc 1: 13

¿POR QUÉ PERMITE
DIOS EL MAL?

PISTA

El mal no siempre ha existido en nuestro mundo. Cuando los humanos recién fueron creados, nada malo pasaba. Dios creó un mundo perfecto para los seres humanos. Nos dio todo cuanto pudiéramos desear o necesitar- inclusive libre albedrío.

El sufrimiento y el mal

¿POR QUÉ PERMITE DIOS EL SUFRIMIENTO Y EL MAL?

DIOS CREÓ UN MUNDO PERFECTO. ÉL CREÓ UN LUGAR DONDE NO EXISTÍA EL MAL. ÉL TAMBIÉN CREÓ SERES HUMANOS Y LES DIO LA HABILIDAD DE TOMAR DECISIONES. A ESTA HABILIDAD O LIBERTAD SE LE LLAMA LIBRE ALBEDRÍO. PERO ALGO TERRIBLE ACONTECIÓ QUE LO CAMBIÓ TODO. ADÁN Y EVA DECIDIERON DESOBEDECER A DIOS-RECHAZARLO. ESA ELECCIÓN FUE EL PRIMER PECADO. POR ESE PECADO, TODA LA GENTE QUE NACIÓ DESPUÉS DE ELLOS NACIERON COMO PECADORES. LOS PECADORES- NO DIOS- ESCOGIMOS EL MAL Y CAUSAMOS SUFRIMIENTO.

DIOS ES SANTO Y ODIA EL MAL. ÉL ESTÁ TOLERANDO EL PECADO POR AHORA PORQUE ESPERA QUE MÁS GENTE LE ACEPTE. QUIERE QUE TODOS ESTEMOS CON ÉL POR LA ETERNIDAD. CUANDO FINALMENTE MANDE A JESÚS A LA TIERRA PARA LLEVARSE A SU PUEBLO AL CIELO, DESTRUIRÁ AL MAL PARA SIEMPRE.

El amor de Dios por nosotros hace que Él no destruya el mal y el sufrimiento.

Si Dios destruyera el mal, haría un trabajo completo. No se pondría a escoger deshacerse de las cosas grandes como la guerra y el hambre pero no de la gente que dice una mentira o son malos en la escuela. Supongamos que Dios dijera: "Está bien, a la media noche, todo el mal se irá de la faz de la tierra." ¿Despertaríamos la mañana siguiente con los ojos brillantes, con alegría, mientras nos servimos cereal? No. Estaríamos fuera de la faz de la tierra y no estaríamos disfrutando un buen día. Dios sabe eso y ha decidido no erradicar al mal. Él quiere que toda su gente sea salva.

Aunque Dios odia el pecado, Él ama a la gente pecadora.

Dios odia el pecado. El pecado nos hiere y nos herimos unos a otros por causa del pecado. Viene un tiempo cuando Dios quitará el pecado y el mal de sobre el planeta. El problema es que nosotros como seres humanos somos pecadores y Él no nos quiere destruir-porque nos ama. Él mandó a su Hijo para erradicar al mal sin destruirnos a nosotros.

El diablo es lo suficiente poderoso como para causar miseria a la tierra entera, pero no tiene poder sobre nosotros si usamos el nombre de Jesús.

¿Sabes lo que al diablo le gusta hacer más que nada? Le gusta estrellar cosas. Está enojado en contra de Dios, así que quiere arruinar la creación de Dios. Le gusta causar sufrimiento y miseria; y Dios le permite hacerlo por ahora. Dios nos ha dado poder por medio de Jesucristo de decirle al diablo que se vaya y nos deje en paz.

Dios no promete una vida que siempre será justa.

El concepto de "pago exacto," que significa que obtienes exactamente lo que se te da, no necesariamente tiene validez en la tierra. A veces las personas que son malas y crueles parecen que se escapan del castigo mientras que gente que hace el bien parece que sólo sufren. Dios no se sienta en el cielo y mira nuestras obras y luego nos da un premio de sufrimiento basado en lo que hacemos, como si guardara una cuenta. Él tiene buenas razones para todo.

Algo bueno puede a veces salir de lo malo.

A veces Dios permite el sufrimiento para que cosas buenas salgan del mismo. Dios no espera que entendamos, sólo quiere que confiemos en Él. El Nuevo Testamento dice que todo obra para bien para aquellos que le aman. En el Antiguo Testamento, Habacuc dijo que él se iba a gozar en el Señor aunque "no hubiera ovejas en el redil y ganado en el establo" Tal vez para ti que no haya ovejas en el redil ni vacas no sea sufrimiento pero para este hombre sí lo era porque ellas proveían su comida y abrigo. Él tenía fe que Dios era bueno aunque tuviera hambre y frío. También acontecieron cosas buenas a Habacuc, al igual que a nosotros cuando confiamos en Dios.

A veces el sufrimiento ocurre no porque Dios lo permita sino por nuestros propios errores.

Cuando una persona bebe mucho alcohol, maneja, y causa un accidente que mata a alguien, las acciones de esa persona son las que causaron el sufrimiento. No podemos culpar a Dios.

A veces sufrimos por nuestras propias elecciones. Si se castiga a un niño por desobedecer, entonces ese niño está sufriendo las consecuencias de su propia desobediencia.

A veces nuestra propia ignorancia causa sufrimiento a otros. Puede que lastimemos los sentimientos de alguien cuando decimos cosas que no son ciertas.

El sufrimiento a veces es resultado de desastres naturales- especialmente cuando la gente ignora los avisos de alarma.

A veces Dios permite el sufrimiento como castigo para ayudar a su pueblo a arrepentirse y alejarse de sus pecados. Él quiere que aprendan de este castigo.

Dios puede transformar cualquier sufrimiento en bien.

Satanás es el enemigo de Dios. Se alegra cuando hace cosas malas y le fascina cuando ve a la gente sufrir. Es asqueroso, malvado y detesta cuando algo bueno le pasa a alguien.

✦ A veces nosotros (¡equivocadamente!) pensamos que Dios está arriba en algún lugar- como si se sentara sobre una nube en una silla cómoda mirándonos sufrir y piensa: *"Pues ni modo. Así pasan las cosas."*

✦ Dios ve y le importa cada cosa que nos acontece.

✦ Cuando sufrimos. Dios sufre.

✦ Él sabe cuando estamos heridos o con dolor.

✦ Él sabe cuando estamos tristes y solitarios. Él lo siente en sí mismo.

✦ La Biblia dice que Jesús era "hombre de dolores y experimentado en quebrantos." El sufrimiento por el cual Jesús pasó fue más grande que lo que cualquier humano ha sentido jamás.

✦ Porque Jesús sufrió, Él sabe como sentimos cuando sufrimos.

✦ La próxima vez que te sientas triste y con dolor recuerda que Dios estará a tu lado.

Breve informativo

Cuando Dios envió a Jesús a morir en la cruz, Él venció al pecado, el mal y el sufrimiento por la eternidad

No es necesario que nosotros entendamos exactamente por qué existe el sufrimiento. Todo lo que tenemos que saber. Es que Dios sólo quiere cosas buenas para nosotros.

P: ¿CUÁNDO DIOS DESTRUIRÁ FINALMENTE TODO EL SUFRIMIENTO Y TODO EL MAL?

R: Tiene que esperar hasta el día del juicio final, de otra manera el bien podría ser destruido junto con el mal. Durante todo ese tiempo, Él ha prometido estar a nuestro lado, ayudándonos en momentos de sufrimiento. Puedes contar con eso.

P: ¿SI PUDIERA SEGUIR A DIOS PERFECTAMENTE, PODRÍA ESCAPAR DEL SUFRIMIENTO?

R: Ese es un gran supuesto. No hay ni un día que pase en que podamos decir que hemos sido perfectos; además, las malas decisiones de otra gente también pueden causarnos sufrimiento. Así que la respuesta es no. Pero la Biblia promete que el mal y el sufrimiento algún día van a ser borrados para siempre.

P: ¿SI DIOS FUERA EN REALIDAD JUSTO, NO HARÍA QUE LA GENTE MALA SUFRIERA Y QUE LA GENTE BUENA ESTUVIERA FELIZ?

R: El problema con esta idea es que nadie es bueno. Jesús dijo que sólo Dios es bueno. Si Dios nos juzgara exactamente de acuerdo con nuestro comportamiento estaríamos condenados. Con honestidad a nosotros mismos, deberíamos estar agradecidos que Dios es paciente.

P: ¿NOS AYUDA DIOS CUANDO SUFRIMOS?

R: Claro que sí. Cuando confiamos en Dios nos ayuda a tener gozo en medio de nuestro sufrimiento. A veces Él usa nuestro dolor para hacernos mejores personas. Aunque el sufrimiento viene como resultado del pecado, no estamos condenados a una vida de sufrimiento cuando caminamos con Dios.

ApArTe de EsO...

🦴 El pueblo escogido por Dios, los israelitas, se comportaban de la misma manera en que nosotros lo hacemos y sufrían de la misma forma en que nosotros sufrimos.

🦴 Dios no quería que su pueblo escogido sufriera, así que muchas veces les advirtió acerca de problemas venideros.

🦴 Les dijo directamente qué les iba a pasar si se alejaban de Él. Les mandó a los profetas para suplicarles que escucharan. Hizo todo lo que pudo para llamar su atención.

🦴 A veces se arrepentían y se volvían por un tiempo. Pero pronto les caía una amnesia temporal y se olvidaban de todo lo que Dios había dicho.

🦴 Dios tenía que llamar su atención nuevamente. Este patrón de conducta se repitió mucho hasta el fin del Antiguo Testamento.

🦴 Tarde o temprano, Dios tenía que juzgarlos por su desobediencia.   Dios mismo los hacía que sufrieran.

Breve informativo

A Dios no le gusta castigar. Por eso da muchas advertencias y oportunidades para que la gente vuelva a Él. La Biblia dice que Él "no se place en la muerte del malo" y que Él nos dice que "nos volvamos de nuestros malos caminos." Él envió a Jesús a este mundo para que podamos ser salvos de la muerte.

Alguna gente dice: "Si Dios es bueno y ama a todos de gran manera, ¿por qué manda gente al infierno?" De hecho, Dios no manda a nadie al infierno; nosotros mismos nos mandamos al infierno cuando escogemos no aceptar la solución para el pecado de parte de Dios, la cual es Jesús. Dios nos da cada oportunidad para *no* ir al infierno.

¿QUE DIFERENCIA HACE?

La diferencia en confiar en Dios (aunque veamos mucho sufrimiento) y no confiar en Dios (porque el sufrimiento nos confunde) es:

Vivir gozosos bajo el plan bueno y perfecto de Dios o vivir en desolación.

Recuerda:

- El sufrimiento te puede hacer más como Jesús.

- El sufrimiento se puede convertir en gozo.

- El sufrimiento puede ayudarnos a ser mejor gente.

(Pasajes de la Biblia para apoyar este capítulo)

Aunque usted no lo crea.

◆ Dios no erradica el mal porque quiere que todos vengan al arrepentimiento- 2 Pedro 3: 9

◆ Dios usa el sufrimiento para producir algo bueno- Romanos 8:28

◆ A Dios le importa todo lo que nos pasa- Mateo 10:29-31

Breve informativo

.Algunas personas piensan que nuestra meta en la vida es ser felices. Pero la verdadera felicidad no proviene del tener muchos amigos o ser felices y famosos. Muchísima gente que ha obtenido todo lo que ha deseado aun se siente miserable. Sólo Dios puede hacernos verdaderamente felices.

Cuando culpamos a Dios por las cosas malas, estamos diciendo que estos enunciados son verdad:

- Dios es todopoderoso pero no todo-bueno; no le importa detener el pecado.

- Dios es totalmente bueno pero no puede detener el mal; no es todopoderoso.

La verdad es que ambos enunciados están mal. Dios no tiene la culpa de las cosas malas.

REBOBINAR

Capítulo 4

✙ Jesús envió al Espíritu Santo a la tierra en el día de Pentecostés.

✙ El Espíritu Santo nos consuela, convence, y lleva a la verdad, y nos da dones.

✙ El Espíritu Santo es un sello invisible que comprueba que somos de Cristo. Él vive dentro de cada cristiano.

Capítulo 5

✙ El pecado entró al mundo por primera vez cuando Adán y Eva desobedecieron a Dios. Desde entonces, cada persona ha nacido con una naturaleza pecadora.

✙ El pecado nos separa de Dios, pero la muerte de Jesús en la cruz fue el sacrificio que permite que Dios nos perdone. Podemos disfrutar una relación con Él.

✙ Cuando le pides a Dios que perdone tus pecados, Él te convierte en una nueva persona.

Capítulo 6

✙ Satanás es la causa del mal en este mundo.

✙ Porque Dios nos ama es que Él sufre cuando nosotros sufrimos.

✙ Dios puede hacer bien de todo, aun del sufrimiento y del mal.

✙ Al fin del tiempo, Dios finalmente se va a deshacer de Satanás y erradicar todo el sufrimiento y el mal.

¿QUÉ REGALO ES MÁS VALIOSO QUE EL ORO O DIAMANTES Y HA SIDO RECHAZADO POR MILES DE MILLONES DE PERSONAS?

PISTA

No viene envuelto en papel en una caja y amarrado con un moño, como un regalo de navidad o de cumpleaños. Es más como si estuviera en el mostrador de una tienda con un anuncio que dice: "Toma uno; es GRATIS"

Una vez que lo aceptamos, este regalo es para que lo guardemos. Está disponible para cada humano que haya existido y que vaya a existir. Y aunque no estamos obligados a aceptar este regalo Él nos lo ofrece de todas formas.

La Salvación

¿QUÉ REGALO ES MÁS VALIOSO QUE EL ORO O DIAMANTES Y HA SIDO RECHAZADO POR MILES DE MILLONES DE PERSONAS?

LA SALVACIÓN. ES GRATUITA PORQUE EL COSTO SERÍA DEMASIADO. ÉL DIO SU VIDA PARA PAGARLA.

A veces, gente que parece inteligente hace cosas tontas- como rechazar el mejor regalo en este mundo. ¿Sabes cómo se siente que el fin de una película se acerca cuando los malos parecen que van a ganar y los buenos están a punto de caer en una pozo de ácido?... ¿Y después el héroe se apresura y salva a los buenos en el último segundo disponible? Así es con Jesús. Estamos a punto de ser lanzados a un lago de fuego, y entonces Jesús se apresura y nos salva. A excepción de que Él primero nos pregunta: "¿Quieres que te salve?" A este punto yo no sé por que alguien diría que no. Aunque la Biblia claramente revela que si rechazamos a Dios, escogemos a la muerte.

Dios nos permite escoger donde queremos pasar la eternidad.

El pecado trae muerte y condenación eterna, lo cual es el infierno. Jesús nos salva de eso y nos da la mejor opción de vivir con Dios por la eternidad- todo lo que se requiere de nuestra parte es que digamos: "Sí, quiero eso." Esto es la salvación. Está totalmente en nuestras manos el escoger nuestro destino eterno. Dios nos dio libre albedrío para que tomemos nuestra propia decisión. Ni siquiera nuestros padres pueden tomar esta decisión por nosotros. Una cosa es cierta: merecemos morir y recibiremos la muerte *a excepción* de que le pidamos a Jesús que nos salve.

Juan el Bautista comía langostas y gritaba cosas acerca de su primo, Jesús.

Seis meses antes de que Jesús naciera, nació su primo Juan. Cuando Juan creció, la gente lo apodaba Juan el Bautista porque se la pasaba bautizando gente. Un tipo medio raro, se la pasaba todo el tiempo deambulando a la intemperie comiendo langostas con miel continuamente pregonando: "¡ARREPENTIOS!, Porque el reino de los cielos se ha acercado!" Él hablaba de Jesús, por supuesto. Mucha gente creyó en Juan, pero muchos no. Hizo que la esposa del rey Herodes se enojara tanto que le pidió a su esposo que cortaran la cabeza de Juan. Herodes lo hizo porque no quería que su esposa estuviera enojada con él. Después de que su primo murió, Jesús le dijo a la gente que se arrepintiera.

MICROSCOPIO

El arrepentimiento es apartarse del pecado y volverse a Dios.

El arrepentimiento no es sólo un *sentimiento* de vergüenza por tus pecados, ni sólo *saber* que eres un pecador, o sólo *decidir* no pecar ya más. Son todos estos tres juntos.

Para poder ser cristiano, necesitas arrepentirte. Necesitas creer que Jesús es el Hijo de Dios, que murió para salvarte de tus pecados y resucitó. Necesitas conocerle. No es suficiente, creer que estas cosas *pueden* ser verdad. Tampoco puedes creer que algunas de ellas sean verdad. Debes creer que todas son verdad. Es como un asunto de todo o nada.

Necesitas tomar la decisión de *seguir* creyendo. No tiene sentido decir: "Está bien, es verdad"- y luego alejarte. Vas a continuar teniendo necesidad de Jesús.

Te debes de quedar con Jesús aun cuando no lo sientas.

Cuando decides convertirte a Cristo, no te debes preocupar en hacerlo bien o decirlo mal. Dios conoce tu corazón y conoce tus intenciones mejor que tú.

Cuando caminas hacia Dios, Él viene corriendo hacia ti, te toma de la mano, y te muestra lo que necesitas saber, y hacer. Y entonces todos los ángeles en el cielo tienen una gran fiesta.

Tu fe (tener confianza en algo) te trae a Dios, y Dios ayuda a que tu fe crezca, lo que te acerca a Dios, y eso le permite a Él que te agrande la fe, lo cual te acerca a Dios... ¿Puedes ver el modelo?

Comenzarás a ver al Espíritu Santo obrando en tu vida. ¿Te acuerdas de cuando hablamos acerca del fruto que obra en nuestras vidas y que vino, no del supermercado sino del Espíritu Santo?

Empieza a buscar y tal vez encontrarás un poco de ese buen fruto. Tal vez sea algo pequeño como serle buena persona a alguien que quizá hayas ignorado anteriormente, o algo grande como caer en la conclusión que robar el banco no sea tan buena idea después de todo.

+ Jesús le dijo a un hombre llamado Nicodemo, quien preguntó de frente y sin rodeos qué era lo que necesitaba hacer para ser salvo, que necesitaba nacer de nuevo. Jesús no hablaba de un segundo nacimiento físico desde el vientre de una madre (¡créeme que a tu mamá no le gustaría para nada esa idea!), pero se refería a un nacimiento espiritual que sucede en tu parte no material.

+ El nacer de nuevo es necesario porque todos somos pecadores. El antiguo yo muere, y un nuevo yo nace.

+ Cuando una persona se vuelve cristiana, desde ese momento en adelante es una nueva persona.

ANTIGUO YO: Lo quiero como a mí me gusta y lo quiero ahora.

NUEVO YO: Quiero hacer la voluntad de Dios y planeo empezar ahora.

ANTIGUO YO: Lo que sea que me haga feliz es lo que voy hacer.

NUEVO YO: ¿Cómo puedo yo hacer feliz a mi Dios?

ANTIGUO YO: Soy súper buena onda.

NUEVO YO: De hecho, después de examinarme un poco más, no soy siempre tan buena onda.

ANTIGUO YO: No soy buena para nada, y no me parezco a Britney Spears.

NUEVO YO: ¡Miren! Estoy hecha a la imagen de Dios, ¡qué chévere!

ANTIGUO YO: Viejo y lento tren hacia el infierno.

NUEVO YO: Vuelo directo y en primera clase al cielo.

Continuamos cambiando hasta que recibimos nuestros nuevos cuerpos glorificados en el cielo.

Breve informativo

El verdadero arrepentimiento nos manda automáticamente hacia la fe.

La fe es creer y estar seguros acerca de algo que ni siquiera puedes ver. ¿Ya te han enseñado lo que es "el objeto de una preposición"? Bueno, Jesús es el objeto de nuestra fe. Ningún otro objeto merece nuestro tiempo.

P: ¿QUÉ PUEDO HACER PARA GANARME LA SALVACIÓN?

R: Absoluta y positivamente NADA. La salvación es un regalo gratuito. No lo vas a ganar ni aunque trabajes más duro, ni haciendo buenas obras, o por no meterte en problemas. Es por medio de la gracia (el deseo de Dios por salvarnos cuando no lo merecemos) que somos salvos- no por buenas obras. Cuando recibes la salvación vas a querer hacer cosas buenas para ayudar a otros y para agradar a Dios, pero intentar ganarte tu ida al cielo por tus propios medios es imposible.

P: ¿CUÁL ES LA DIFERENCIA ENTRE CRISTIANOS REGULARES Y CRISTIANOS NACIDOS DE NUEVO?

R: En realidad nada. Todos los verdaderos cristianos son nacidos de nuevo. A veces la gente usa el término de "nacidos de nuevo" para hacer diferencia entre las personas que se creen cristianos porque van a la iglesia los domingos y los que saben que son cristianos porque son salvos.

P: ¿QUÉ SIGNIFICA LA PALABRA "JUSTIFICACIÓN"?

R: Hacer las cosas correctamente. Piensa en esto: Dios nos dio su ley, y la hemos roto. Porque rompimos la ley de Dios, Él nos tiene que juzgar. El castigo del quebrantamiento de la ley de Dios requiere la pena de muerte. Dios el Juez dice: "Está bien, sustituiré con la muerte de Jesús, la muerte que los seres humanos se merecen." Nuestra defensa cuando enfrentamos la pena de muerte es que nuestro castigo ya ha sido justificado por lo que Jesús hizo. Nuestros pecados, han sido borrados para siempre. Quitados. Sin dejar huella.

P: ¿QUÉ ES LA SALVACIÓN?

R: Cuando Jesús murió en la cruz se encargó de todos nuestros pecados de todo el tiempo. No necesita seguir muriendo una y otra vez. Y tú no te tienes que preocupar de pagar por tus pecados cuando veas a Dios. Desafortunadamente, seguirás pecando mientras que sigas viviendo en tu cuerpo terrenal, pero siempre y cuando en realidad te arrepientas, Dios te seguirá perdonando. De cierta forma tú tienes un recibo que dice: "Comprado y pagado." Eres salvo. Y nadie te puede quitar este regalo.

P: ¿QUÉ ES LA SANTIFICACIÓN?

R: La santificación, significa que Dios te está haciendo más como Jesús día a día. Una vez que has sido salvo, empiezas el proceso de la santificación. Estás en camino de volverte santo y justo. Entre más entiendas tu pecado vas a ver cuán grande es tu necesidad de la ayuda de Dios. Entre más veas tu necesidad por la ayuda de Dios, Él te ayudará más. Estás aprendiendo a ser santo, aunque a veces parezca que no vas a parar en ningún lugar.

P: ¿QUÉ ES LA GLORIFICACIÓN?

R: Al final, serás salvo, santo, justo y sin pecado. A esto llamamos glorificación. Cuando mueras vas a tener un rótulo en la frente que va a decir "salvo." Bueno, en realidad no, pero piensa en él como un sello imaginario que automáticamente te lanza en catapulta a la gloria cuando mueras. Ya tienes justificación por tus pecados por medio de Jesús, has estado en camino a la gloria por medio de la justificación, y ahora has llegado a tu destino eterno de glorificación bien justificado y santificado. ¡Qué bien! Así es que, toma estas tres cosas y ponlas en tu bolsillo; sácalas cuando necesites recordarlas (casi todo el tiempo), y recuerda que Jesús es nuestro salvador.

ApArTe de EsO...

No es la culpa de Dios si toda la gente no se salva. Nadie en el infierno podrá decir que quería ser salvo pero Dios no lo escogió.

La Biblia es clara que a *todos* se les hace la invitación de aceptar el regalo gratuito de la salvación. Si quieres ser salvo y le pides a Dios que te salve entonces eres salvo. Esto es todo lo que necesitas saber.

La palabra *elección* significa que Dios escoge a quienes Él quiere que sean salvos; pero como la ofrece a todo el mundo, entonces es claro que ha escogido a todo el mundo.

Predestinación significa que antes de que naciéramos ya teníamos una cita con el destino para ser cristianos.

Previo conocimiento significa que Dios supo de antemano quien lo iba a aceptar. Es bonito saber que Dios pensó en nosotros aun antes de que el tiempo empezara, y Él pensó en la salvación antes de que la necesitáramos. ¡Que Dios tan asombroso!

La gente que nunca ha leído la Biblia no tiene excusa de no conocer de Dios. El libro de Romanos dice que han visto la tierra y el cielo y Dios les ha mostrado sus atributos invisibles durante toda su vida.

¿QUE DIFERENCIA HACE?

La diferencia entre aceptar la oferta de salvación de Dios y rechazarla es: Gozo eterno en el cielo o miseria eterna en el infierno.

Recuerda:

- Como Dios no puede mentir, le puedes creer lo que dice acerca de la salvación.

- Jesús pagó un precio caro para poder ofrecernos el regalo gratuito de la salvación.

- Cualquiera que quiera la salvación la puede obtener.

- El único camino al cielo es aceptando la salvación.

¿Dónde hallaste eso?

(Pasajes de la Biblia para apoyar este capítulo)

Telescopio

- Un nuevo cristiano es una nueva persona- 2 Corintios 5:17

Pregúntale al profesor Little

- No podemos ganarnos la salvación- Efesios 2:8-9

Aparte de eso...

- Todos somos invitados a aceptar la salvación- Juan 3:16

- Todos pueden reconocer el poder de Dios aun cuando no hayan leído la Biblia- Romanos 1:20

¿EN VERDAD SON POSIBLES LOS MILAGROS?

PISTA

¿Podría un pez grande en realidad tragarse a Jonás y después escupirlo vivo? (Un poco asqueroso ¿no te parece?) ¿*Realmente* piensas que Jesús haya alimentado a cinco-mil personas con cinco panes y sólo dos peces?

Ya eres lo suficientemente grande como para saber que los milagros no son posibles por medio de la destreza humana solamente. El gordito de traje rojo que supuestamente se apretuja bajando por la chimenea y luego flota hacia arriba para salir y volar por el cielo con los renos (¿No tendría más sentido si volara en avión?) en realidad no puede hacer todas estas cosas. Para poder realizar milagros, los seres sobrehumanos, como los *Pokemon*, necesitan poderes sobrenaturales. El problema es que sólo son personajes ficticios y sus poderes son limitados por quien los inventó.

Un milagro verdadero requiere el poder de un ser que realmente existe, que sea todopoderoso, y quien tiene la autoridad de hacer que las cosas ocurran.

Los Milagros

¿EN VERDAD SON POSIBLES LOS MILAGROS?

COMO DIOS EXISTE, ES TODOPODEROSO, Y TIENE SUPREMA AUTORIDAD, PODEMOS DECIR QUE SÍ, LOS MILAGROS SON POSIBLES.

Alguna gente llama a las coincidencias "milagros."

A veces la gente usa la palabra milagro para referirse a algo inusual o inesperado. Si en tu escuela realizan un simulacro de incendio en el momento exacto que tu maestro te daba un examen de gramática tal vez digas: "¡Es un milagro!" Esto en realidad no es un milagro (aunque le des gracias a Dios de todas formas). Es sólo un simulacro de incendio que ocurrió en un momento muy preciso.

Dios nunca trata de impresionar a nadie, pero de todas formas impresiona a la gente.

Los milagros en la Biblia siempre ocurrieron por una razón. Dios nunca habría dicho: "¿Qué tal si hago un milagrito por allí? Un poco de entretenimiento les vendría bien a los terrícolas." Cada milagro tenía la intención de ayudar a la gente que tenía fe en Dios o para satisfacer sus necesidades.

El diablo trató de hacerle cosquillas a Jesús y hacerlo que hiciera un milagro para sí mismo.

Jesús hacía milagros con un propósito en mente. Él nunca hizo un milagro para "lucirse." Él nunca hizo milagros para obtener nada para

Él mismo. El diablo trató de convencer a Jesús para que hiciera milagros para "probarse" a sí mismo, pero Jesús se negó. Le dijo al diablo lo que todos le debemos decir cuando nos pide que hagamos cosas que no debemos hacer. Jesús sólo dijo: "No." Y si al diablo no le gusta esa respuesta, puedes decir: "¿Qué parte de 'no' no entiendes?"

Cuando interrumpes, se te puede llamar grosero. Cuando Dios interrumpe se le llama "milagro."

Los milagros, como se mencionan en la Biblia, son actos de Dios. Un acto de Dios ocurre cuando Dios intencionalmente rompe, cambia o interrumpe lo que pasaría normalmente.

Dios no tiene que obedecer las leyes.

Como Dios diseñó el universo, Él tiene todo el derecho de hacer con él lo que bien le parezca. No importa lo que haga, Él no rompe las leyes naturales, porque está fuera y sobre cualquier ley natural- no sujetado por ella. Él es libre de hacer milagros hasta que las gallinas vuelen (porque Él también las hizo).

Breve informativo

El famoso autor G. K. Chesterton dijo: "Un milagro es alarmante; pero es sencillo. Es sencillo porque es un milagro. Es poder que proviene de Dios directamente en vez de indirectamente por parte de la naturaleza o de la voluntad de los seres humanos."

- Los milagros de Jesús fueron hechos en público. No se hacían en secreto ante sólo una o dos personas que después anunciaron al mundo. Fueron hechos frente a todos para que todos lo vieran.

- No todos los que miraron creyeron que Jesús era el Hijo de Dios. Jesús era un magneto para los escépticos. Cuando Jesús hacía milagros, muchos escépticos (personas que todavía no están seguros) vieron.

- Aún la gente que odiaba a Jesús nunca negó sus milagros, aunque dijeron que sus milagros eran obra de poderes malignos. Se sentían muy amenazados por Jesús.

- Los milagros de Jesús eran reales. Él no repetía el mismo milagro una y otra vez; y no hizo todos sus milagros al mismo tiempo, como una gran clausura con un espectáculo de fuegos artificiales. Él ejercía el poder sobre la naturaleza como cuando cambió el agua en vino en medio de una boda. Jesús demostraba su poder sobre la enfermedad cada vez que sanaba a un enfermo. Él daba órdenes a los demonios. Alimentó a cinco mil personas con tan sólo un par de peces y unos cuantos panes. Le dijo a una gran tormenta: "¡Guarda silencio!" Y la tormenta obedeció. Y si todo esto no fuera suficiente, también demostró su poder contra la muerte cuando hizo que un hombre llamado Lázaro resucitara después de haber estado muerto por cuatro días. (En caso de que seas un poco escéptico con este relato, sabemos por medio de la Biblia que Lázaro había estado muerto por cuatro días porque su hermana le dijo a Jesús que el cuerpo ya "apestaba." Historia verídica.)

- Después de que los discapacitados y enfermos eran sanados por Jesús, ya no volvían a ser escépticos. Todos los leprosos y ciegos que Jesús sanó creían en Él. ¡Hablando de testigos oculares!

+   Hay personas que creen que todos los milagros tienen una explicación en el ámbito natural. Por ejemplo, cuando Dios hizo que el mar Rojo se dividiera para que los israelitas pudieran escapar de los egipcios, hay quienes piensan que un fuerte viento hizo que el mar se dividiera. Probablemente no, pero de todas formas vamos a tomarlo como si esa fuera la explicación correcta. Gran cosa. Sigue siendo un milagro. Los vientos deberían haber venido cuando los israelitas llegaron a la orilla del mar y después que los egipcios los acorralaron. Entonces después de que cada uno de los israelitas llegó a salvo a la otra orilla, el viento se debió haber calmado exactamente al instante preciso para prevenir que los egipcios los alcanzaran. ¡Guau!

+ Algunos milagros no tienen una explicación natural. Los mejores ejemplos son las resurrecciones de Lázaro y Jesús. Los mejores doctores en este mundo no pueden resucitar a nadie. Sólo Dios puede hacer eso. Requiere de un milagro.

+ Los escépticos dicen que la gente que Jesús sanó no estaba en verdad enferma, sólo fingían que estaban enfermos o nada más se imaginaban. Aun así los enfermos que Jesús sanó tenían enfermedades que todos las podían notar como la lepra. La lepra es una enfermedad que produce llagas en todo el cuerpo y nunca se van. Es tan mala, que en los tiempos bíblicos, los leprosos eran echados fuera de la sociedad y se les obligaba a vivir con otros leprosos. Nunca más podían volver a sus hogares. Estas personas no podían fingir que estaban enfermas.

+ Algunos escépticos aseguran que la gente en el mundo antiguo era estúpida. Dicen que la gente simplemente no podía entender lo que estaba pasando. ¡Qué insulto! Claro que sabían lo que era posible e imposible. Cuando un hombre paralizado tuvo que ser cargado a la casa donde Jesús enseñaba, no se necesitaba un genio para que reconociera el milagro cuando aquel hombre se levantó y salió caminando de ese lugar. Cuando Jesús le dio la vista a un hombre ciego de nacimiento, las personas que conocían al ciego ahora sano sabían que estas cosas de los milagros no eran broma. Estos eran milagros genuinos.

Pregúntale al Profesor Little

P: ¿POR QUÉ DIOS NO HACE HOY MILAGROS PARA QUE LA GENTE CREA EN ÉL?

R: Jesús respondió a esta pregunta por nosotros. Él dijo: había una vez un hombre rico que murió y fue al infierno. El hombre miró al cielo y vio a Abraham, y le suplicó que mandara a alguien a avisarles a sus hermanos acerca de los tormentos en el infierno para que no fueran a parar allí. Abraham le dijo al hombre que esa información ya la tenían sus hermanos por medio de la Palabra de Dios. El hombre rico respondió: "Sí, pero si vieran un milagro como alguien que se levantara de los muertos tal vez así creerán." La respuesta del cielo fue: "Lo siento, pero si no oyen la Palabra de Dios, ni el milagro de alguien que se levanta de los muertos les hará alguna diferencia."

P: ¿POR QUÉ HIZO DIOS MILAGROS PARA LA GENTE DE LA BIBLIA Y NO PARA NOSOTROS?

R: Tal vez no vemos tantos milagros hoy en día porque cuando Él lo hace lo explicamos con teorías científicas. Una cosa es cierta: cuando Dios hace milagros, los hace con un buen motivo, no para entretenernos.

P: ¿HAY MILAGROS QUE NO SON DE DIOS?

R: Sí. Hay milagros que vienen de demonios. Por eso es que la Biblia nos dice que examinemos los espíritus. Jesús dijo que en los últimos días ocurrirían milagros tan grandes que aun los cristianos serían engañados si no se cuidaban.

P: ¿CREES QUE LOS MAESTROS DE CIENCIA DEBIERAN ENSEÑAR ACERCA DE LOS MILAGROS?

R: No, los milagros no son una pregunta para maestros de ciencia. (Aunque, si son cristianos, creerán en los milagros.) La ciencia, en su propia definición, sólo ve las leyes naturales y no las sobrenaturales.

P: ¿ALGUNA MATERIA ESCOLAR DEBIERA ENSEÑAR ACERCA DE LOS MILAGROS?

R: La filosofía, porque la filosofía estudia la verdad. Los filósofos pueden entender el concepto de los milagros porque una vez que entiendan la verdad, entonces entenderán lo que es posible con Dios. Un verdadero estudiante de filosofía con el tiempo se encontrará con Jesús y tendrá que decidir si aceptarlo o no. (Nota: La filosofía usualmente no se enseña en la escuela sino hasta en la universidad.)

EL FULANO "LO DUDO" SE ENCUENTRA CON el fulano "LO ES"

"LO DUDO"

"Los seguidores de Jesús deben haber estado exagerando cuando hablaron de los milagros que Jesús realizó. Quiero decir, vamos, a todos les gusta hacer que las cosas suenen más interesantes de lo que en realidad sucedieron. ¿Verdad?"

"LO ES"

"Claro, podría ser. Pero cuando buscamos la verdad acerca de algo que sucedió preguntamos a alguien que vio las cosas por sí mismo, un testigo *ocular*. Si es una persona digna de confianza le creemos."

¿Hay alguna evidencia que demuestre que estas personas no son dignas de confianza?

"Los seguidores de Jesús eran sus amigos así que, obviamente, van a decir que Él realizó milagros. ¿Captas lo que quiero decir?"

"Para empezar, no eran sólo sus amigos los que vieron los milagros. También, sólo porque eran sus amigos y creían en Él no significa que fueran mentirosos. Ellos estuvieron allí, vieron lo que vieron, y lo contaron a los demás. Aparte de eso, ellos pudieron meterse en un gran problema por decir cosas como esas, incluso ser arrestados y asesinados. ¿Por qué correrían ese riesgo por una mentira? Ellos dijeron que Cristo realizó milagros y yo les creo."

¿QUE DIFERENCIA HACE?

La diferencia entre saber y no saber que todas las cosas son posibles con Dios es:

Darse cuenta que Dios puede cambiar nuestras vidas o ser condenados a una vida que está limitada a lo que sólo nosotros podemos hacer.

Recuerda:

- Sólo un Dios todopoderoso tiene el poder de hacer milagros.

- Cuando Jesús hizo milagros demostró que era Dios.

- Todos los milagros de Dios eran para nuestro beneficio.

¿EN VERDAD EXISTEN LOS ÁNGELES, SATANÁS Y LOS DEMONIOS?

Vemos ángeles por todas partes: en el programa de televisión *tocado por un ángel*, en disfraces y en el pico del árbol de Navidad, y en muchísimas películas en el centro de videos. El diablo y sus demonios se pueden ver en las envolturas de los dulces picosos, en películas de terror y en Halloween. Estos retratos obviamente son de ficción. Pero, ¿de dónde provienen estas ideas?

Los ángeles, Satanás y los demonios

¿EN VERDAD EXISTEN LOS ÁNGELES, SATANÁS Y LOS DEMONIOS?

LA RESPUESTA CORTA ES, SÍ.

Aun si pudiéramos ver a los ángeles, nunca podríamos contarlos

En una visión Daniel vio miles y miles de ángeles y otros diez miles y diez miles más de ángeles. ¡A eso se le llama una convención de ángeles en proporciones astronómicas! Imagínate mil estadios reventar de ángeles. El libro de Apocalipsis dice que el Espíritu de Dios le mostró a Juan por lo menos el mismo número de ángeles que Daniel vio. Ahora, yo no sé si estos eran los mismos ángeles que aparecieron en el sueño de Daniel o si eran otros pero de todas formas son un montón de ángeles aunque los cuentes una o dos veces.

Tal vez conoces alguien con el nombre de Miguelno sea un "ángel", pero sí existe un ángel de nombre Miguel.

La Biblia menciona los nombres de sólo dos ángeles de los mil por diez mil... y sigue contando. Uno era Miguel y el otro Gabriel. Miguel era un guerrero. Él guió la batalla en el cielo en contra del mismísimo diablo. El también peleó contra el diablo por el cuerpo de Moisés. Y si no fuera suficiente, una de las misiones de Miguel era cuidar al pueblo de Israel y ser uno de sus príncipes principales.

Gabriel suena la trompeta.

Gabriel, en el otro extremo, es famoso por sonar su trompeta. Esto tal vez no sea tan emocionante como el trabajo de Miguel, pero él va a sonar su trompeta para anunciar el regreso de Jesús, el cual será el momento más importante en la historia entera de este mundo. A excepción, por supuesto, de cuando Jesús vino la primera vez. Esto nos trae a otros eventos que hicieron a Gabriel famoso. Anunció los nacimientos de Jesús y de Juan el Bautista.

Los ángeles pueden no tener alas.

Al contrario de la opinión popular, no hay evidencia que muestre que los ángeles tengan alas. Por alguna razón cuando la gente quiso pintar ángeles o describirlos en libros e historias les pusieron alas. Tal vez es porque la gente pensó que como viajan todo el tiempo tal vez necesitaban un medio de transporte. Obviamente no iban a tener carros deportivos o aviones privados para volar por todos lados cuando la Biblia se estaba escribiendo, así que los artistas que los pintaron y dibujaron les dieron alas para que pudieran volar por sí mismos.

Breve informativo

Los ángeles son seres creados por Dios. En grieo, la palabra ángel significa mensajero.

Los querubines tienen alas, pero puede que no sean ángeles.

Dos querubines cuidaban la entrada del este del jardín del Edén con sus no-tan-comunes espadas de fuego. Ezequiel describe a los querubines como criaturas que tenían, fíjate bien, cuatro caras. Así es, leíste bien, *cuatro* caras- cara de hombre, cara de león, cara de becerro, y cara de águila. También tienen cuatro alas. Dos se abren hacia arriba, y las otras dos se abren hacia abajo para cubrir sus cuerpos. Un poco descabellado, ¿no?

Los serafines tienen seis alas y no son insectos.

No superados por querubines son los serafines con sus *seis* alas. Y pueden volar. Sólo tienen una cabeza y se parecen a los humanos (no se ve mal parecerse humano). Cuando la Biblia menciona a los serafines, por lo general están cuidando algo, lo cual debido a su apariencia, debe ser algo para lo que han de ser buenos.

Los ángeles son seres creados por Dios. La Biblia dice que todo lo que está en el cielo, en la tierra, ambos visibles e invisibles, fueron creados por Dios porque Él los quiso crear.

Los ángeles existían antes que Dios creara a Adán y a Eva.

A veces los ángeles toman forma humana cuando se aparecen a la gente. La Biblia dice que algunas personas (tal vez tú) han alojado ángeles como huéspedes y ni siquiera se dieron cuenta. Esta debe de ser una buena razón para tener tu habitación limpia.

Los humanos somos especiales porque hemos sido creados a la imagen de Dios. Los ángeles no lo son.

Los ángeles no son masculinos o femeninos. No se cazan ni tienen hijos.

Los ángeles nunca mueren. No envejecen ni les salen arrugas.

Algún día, tendremos autoridad sobre los ángeles. Para nada sucederá esto en la tierra, porque estamos atrapados en nuestros cuerpos pecaminosos. Pero un día, cuando muramos y vayamos a vivir en el cielo con Jesús, en nuestros nuevos y mejores cuerpos, juzgaremos a los ángeles.

Los ángeles, aunque estén en el cielo con Jesús, no saben cuando regresará a la tierra por nosotros.

Los ángeles se mueren por entender la salvación. (De hecho, no pueden morir, así que tal vez precisamente no se estén muriendo por saber; pero *en verdad* quieren saber.) Pero no pueden. En cambio, nosotros, sí tenemos el entendimiento de la salvación porque la hemos experimentado. ¡Guau! Que tal está eso.

Los ángeles tienen fuerzas sobrehumanas. Un ángel mató a 185,000 sirios en una noche. Ni todos los superhéroes juntos pueden hacer tal cosa en un mes de caricaturas de los sábados en la mañana. El poder de los ángeles viene de Dios, y fue Él quien le ordenó al ángel que matara a estos sirios perversos para que no hirieran al pueblo escogido de Dios.

✛ Los ángeles ven a Dios cara a cara y le adoran constantemente. Jesús mismo dijo esto.

✛ Cada vez que alguien en la tierra se arrepiente y decide hacerse cristiano, los ángeles hacen una fiesta y se regocijan. Están al tanto de cada uno de nosotros, tú y yo incluidos. (¿Ya hicieron tu fiesta?)

✛ El trabajo de un ángel es dar nuevas de Dios.

✛ Aparentemente los ángeles son importantes para Dios porque la Biblia los menciona más de 250 veces.

✛ Aunque mucha gente cree que los ángeles guardianes están en la tierra para protegernos, la Biblia no especifica esto. De todas maneras, la Biblia sí dice que los niños tienen ángeles que los guardan desde el cielo. Un día Jesús mismo le dijo esto a unos adultos que estaban junto con Él.

✛ Los ángeles son seres que existen para los propósitos de Dios. No son para que se les adoren.

✛ Ángeles cerraron las bocas de leones hambrientos cuando Daniel fue lanzado a este pozo de bestias salvajes. Se suponía que él debía de ser su comida. (Pobres leones).

✦ Un día Elías corrió hacia el desierto para escaparse de una reina malvada que lo quería muerto. Ángeles le trajeron al profeta pan recién cocinado y una jarra de agua... así se sintió mejor.

✦ Cuando un rey mandó a Pedro a la cárcel porque le hablaba a la gente acerca de Jesús, un ángel vino y lo sacó de la cárcel- no solamente una vez sino dos. Pedro había tenido cadenas y todo.

Un ángel visitó a Pablo en un barco en medio de una gran tormenta. El ángel le dijo a Pablo que él y los demás que estaban en el barco sobrevivirían y así fue. (Ya tenían un gran hermano 'Pablo' y aun todavía ni existía ese programa de televisión.)

Los ángeles visitaron a Jesús en la noche antes de su muerte para darle fuerza.

Cuando una persona solitaria y sin hogar moría en los tiempos bíblicos, ángeles le llevaban cargada hacia el cielo.

Cuando Jesús regrese en "las nubes de gloria" *todos* los ángeles lo rodearán mientras que Él se sienta en el trono de gloria celestial. ¡Excelente!

Como a todos les gusta oír historias verídicas...

A través de la historia reciente, muchas gentes afirman haber visto ángeles. Sabemos que algunas de estas declaraciones son falsas porque las descripciones dadas no concuerdan con lo que sabemos acerca de los ángeles por medio de la Biblia. Otras no se pueden ignorar tan fácilmente. Un relato convincente viene de un misionero conocido en una tierra lejana. Aquí está la historia:

DEBIDO A SU GRAN ÉXITO EN EL ESPARCIMIENTO DEL EVANGELIO, EL MISIONERO CAUSÓ EL ODIO DEL JEFE DE LA TRIBU. EL JEFE CONTRATÓ A ALGUIEN PARA QUE LO MATARA. EL ASESINO FUE A LA CASA DEL MISIONERO, PERO EN VEZ DE REGRESAR AL JEFE Y REPORTARSE ACERCA DEL ASESINATO, EL HOMBRE REGRESÓ ATERRORIZADO, DICIENDO QUE HABÍA VISTO UNA FILA DE HOMBRES VESTIDOS DE BLANCO, QUE RODEABAN LA CASA DEL MISIONERO. EL JEFE PENSABA QUE EL HOMBRE HABÍA BEBIDO DEMASIADO WHISKY, ASÍ QUE LO ANIMÓ A QUE LO INTENTARA OTRA VEZ. LA SIGUIENTE VEZ GENTE DE LA TRIBU LO ACOMPAÑÓ. ESA NOCHE TODOS VIERON TRES FILAS DE ÁNGELES RODEANDO LA CASA. TIEMPO DESPUÉS EL JEFE LE PREGUNTÓ AL MISIONERO DONDE MANTENÍA A LOS GUARDAESPALDAS QUE RODEABAN SU CASA POR LAS NOCHES. EL MISIONERO, QUIEN NO SABÍA NADA DEL ASUNTO, AFIRMÓ QUE NO TENÍA GUARDAESPALDAS. CUANDO EL JEFE CON ASOMBRO CONTÓ LA HISTORIA, EL MISIONERO SE DIO CUENTA QUE LO QUE LOS NATIVOS HABÍAN VISTO ERA COMPAÑÍA ANGELICAL, LA CUAL DIOS HABÍA MANDADO PARA PROTEGERLO.

Breve informativo

Sin guardaespaldas...

Siempre hay ángeles alrededor de Dios, pero eso no significa que están en medio de nosotros y Dios como guardaespaldas. No. Nunca. Nos podemos acercar a Dios cuando nosotros queramos gracias a Jesús.

Es cierto, el diablo tiene mucho poder y una sola misión: destruir a como de lugar, todo lo que es bueno. Pero no te preocupes. Tú tienes en ti el máximo ultra-extremo-súper-poder del Espíritu Santo. Lo único que tienes que hacer es clamar al nombre de Jesús. Ese nombre inmediatamente volverá al diablo y a todos sus demonios en miedosos cobardes. Se darán la vuelta y huirán tan rápido que se esfumarán en milésimas de segundos.

P: ¿SON LOS DEMONIOS PEORES QUE LOS TIPOS MALOS QUE SALEN EN LAS PELÍCULAS?

R: Mucho más. Los demonios son ángeles caídos que se juntan con el diablo. Son sus siervos personales. Él los manda a que hagan el trabajo sucio. Una de las cosas que los demonios hacían en el tiempo bíblico era entrar en los cuerpos de la gente y causaban grandes estragos. A esto se le llama posesión por un demonio. Cuando los demonios entraban en los cuerpos, hacían que alguna gente se enfermara, otros se despotricaran o encolerizaran como lunáticos desquiciados.

P: ¿ESTÁ POSEÍDA LA GENTE CON ENFERMEDADES MENTALES?

R: Es importante darse cuenta que no porque alguien esté enfermo o desquiciado significa que está endemoniado. Sólo que cuando un demonio posee a alguien, reacciona de esta manera.

P: ¿HABÍA MÁS ENDEMONIADOS EN LOS TIEMPOS DE JESÚS QUE HOY EN DÍA?

R: No hay forma de saberlo con certeza, pero las posesiones por demonios eran muy comunes en los tiempos de Jesús. Las posesiones demoníacas se mencionaban rara vez en el Antiguo Testamento y en el Nuevo Testamento después de que Jesús regresó al cielo. Tal vez el diablo estaba aun más furioso porque sabía que Jesús iba a limpiarnos de nuestro pecado. Satanás sabía que Jesús lo pondría fuera del negocio, así que causó el mayor escándalo posible. Algo así como unas últimas patadas. Sabía que estaba descubierto.

P: ¿TODAVÍA HAY DEMONIOS DEAMBULANDO?

R: Los demonios aun existen. Por eso es muy importante no jugar con cosas asociadas con el diablo como la Ouija o prácticas ocultas (adoración del diablo). Estas son cosas y lugares donde el diablo y sus demonios se pueden escabullir.

P: ¿EL DIABLO LES DA RECOMPENSA A LOS DEMONIOS POR SERVIRLE A ÉL?

R: Los demonios no van a recibir nada por servir al diablo excepto un boleto de viaje directo a las profundidades del infierno. No suena muy emocionante ¿verdad? Pero esa es la realidad cuando trabajas para el diablo.

P: ¿ESTÁ BIEN REFERIRSE AL DIABLO EMPLEANDO MALOS NOMBRES?

R: La Biblia seguido se refiere al diablo como "El maligno," "Padre de toda mentira," "Tentador," "el gran engañador," "asesino" y "malo." Y eso es sólo para los principiantes. Está bien si te refieres a él de esta forma. A él también se le llama Satanás. Él es el enemigo de Dios y de todo lo bueno. No hay nada bueno de parte del diablo. Siempre anda en malos pasos. Sácale la vuelta como si fuera una plaga. Irrita la piel. Déjalo solo.

Breve informativo

El poder de Satanás es extremadamente limitado
El poder de Satanás no es tan fuerte como el de Dios.
Satanás le tiene que pedir permiso a Dios antes de tocarte.
Satanás no lo sabe todo.
Satanás está en camino hacia el lago de azufre ardiente al cual irá en el día del juicio final de Dios.

ApArTe de EsO...

Dios tiene todo el poder y autoridad sobre el diablo.

Como Dios es nuestro amigo y Él está de nuestro lado no tenemos que temerle al diablo.

Dios creó al diablo como un ángel, hermoso, pero el orgullo lo cambió. Él convenció a otros ángeles a que se rebelaran contra Dios y por eso fue expulsado del cielo. Desde entonces, el diablo ha tratado de vengarse guerreando contra Dios.

El diablo apareció como una serpiente en el jardín del Edén y trajo a Adán y Eva el pecado por medio de una mentira. Tuvo que mentir porque si hubiera dicho la verdad no le habrían hecho caso.

Jesús enojó mucho al diablo cuando murió en la cruz. El diablo sabe que perdió aunque pareció como si hubiera ganado.

El diablo trabaja arduamente para alejarnos de Dios. Él te quiere causar dolor.

No lo tenemos que permitir. Para no parecer langostas cocidas cuando vamos a la playa nos ponemos loción de protección contra el sol, y también usamos repelentes de mosquitos para que no nos piquen. Nosotros podemos utilizar los siguientes diablo-repelentes para mantenerlo lejos de nosotros. Necesitaremos:

Pasar tiempo suficiente con Dios- ora cada día.

Una Biblia bien leída- gasta esas hojas.

Una fe sólida- aprende de la Biblia y confía en Dios.

Para derrotar al diablo, ponte la armadura de Dios...

Cinturón de la verdad (conociendo cómo es Dios)

La coraza de justicia (estando en acuerdo con Jesús)

El escudo de la fe (confiando que Dios cumplirá sus promesas)

El casco de la salvación (confiando en que irás al cielo algún día)

La espada del Espíritu (dejando que el Espíritu Santo viva en ti)

El calzado de la paz (siempre listos)

Breve informativo

¿Por qué es que el diablo siempre se viste de rojo con cuernos y trae una horquilla? En realidad no sé. La Biblia no lo describe de esa forma. Tal vez el mismo diablo quiera que la gente piense que él es inofensivo para así poderlos engañar y de ese modo hagan lo que él quiere. Ha llegado al extremo de disfrazarse de ángel.

¿QUE DIFERENCIA HACE?

La diferencia entre creer en seres espirituales y no creer es:

Estar conscientes y más preparados o estar distraídos y sin preparación para la batalla espiritual que está sucediendo ahora mismo por tu alma.

Recuerda:

El diablo está determinado a atraparte.

El diablo no tiene poder sobre ti cuando hablas en el nombre de Jesús en contra de él.

Una buena defensa en contra del diablo es saber lo que dice la Biblia y pasar mucho tiempo en oración.

No pienses mucho en el diablo. Mantén tu mente en Dios.

¿Dónde hallaste eso?

(Pasajes de la Biblia para apoyar este capítulo)

Microscopio

Es probable que hayas recibido ángeles en tu casa- Hebreos 13:2

Los ángeles no se casan- Lucas 20:35-36

Telescopio

Los ángeles se regocijan cuando alguien se salva- Lucas 15:10

Aparte de eso

Ponte la armadura de Dios- Efesios 6:10-18

Breve informativo.

Satanás le tiene que pedir permiso a Dios para poder tocarte- Job 1:9-12; 2:4-6

¿Qué diferencia hace?

Podemos resistir al diablo- Santiago 4:7

REBOBINARREBOBINAR

Capítulo 7

La salvación es gratis. No podemos hacer nada para ganarla, pero sí necesitamos pedirla.

El arrepentimiento es reconocer que eres pecador, sentirte mal por tus pecados, y decidir ya no pecar.

Para convertirte en cristiano lo que tienes que hacer es, arrepentirte, pedirle a Dios que te perdone, y creer que Jesús es el Hijo de Dios quien murió por tus pecados.

Capítulo 8

Los milagros ocurren cuando Dios intencionalmente cambia o interrumpe sucesos normales.

Dios permitió que algunas personas en el Antiguo y Nuevo Testamentos hicieran milagros.

Jesús hizo muchos milagros, y ni siquiera la gente que lo odiaba los negaron.

Capítulo 9

Los ángeles son seres espirituales celestiales creados por Dios. Son mencionados más de 250 veces en la Biblia, pero nunca se deben de adorar.

A veces los ángeles toman forma humana y se les aparecen a las personas.

Cada vez que alguien en la tierra se arrepiente y se convierte a Cristo, los ángeles hacen una fiesta y se regocijan.

Dios tiene el poder y toda autoridad sobre el diablo. Nunca debes de temerle.

¿CUÁNDO VA A REGRESAR JESÚS?

PISTA

Una de las cosas más fascinantes de la Biblia es que nos dice que es lo que va a ser el futuro del mundo. Ambos el Antiguo y el Nuevo Testamento dicen que el mundo un día va a terminar, pero está bien porque Dios tiene el control. Siempre lo ha tenido. A través del Antiguo Testamento, los profetas tenían la mirada puesta en el gran "Día del Señor" cuando Dios recupere a su mundo de las manos del pecado. Para todos los que conocen y aman al Señor, ese será un gran día. Para aquellos que decidan no conocerlo ni amar a Dios será un día terrible.

Cosas que acontecerán

¿CUÁNDO VA A REGRESAR JESÚS?

NO LO SABEMOS. SÓLO DIOS SABE LA RESPUESTA A ESA PREGUNTA.

Las predicciones de la Biblia se han cumplido al 100% cada vez.

A través de la Biblia hay predicciones hechas acerca de las cosas que acontecerán. Y siempre acontecen así. No son como las predicciones que los psíquicos hacen en la televisión o en un carnaval o como un horóscopo en el periódico. (De paso, esas predicciones no son de Dios y los cristianos no las deben de escuchar.) Las predicciones de la Biblia provienen de Dios y tienen más de un propósito. A veces nos advierten para que nos volvamos a Dios y empecemos a tomar nuestras propias decisiones. Otras veces nos dan esperanza de que van a suceder cosas sensacionales y así tengamos algo que podemos esperar. Una de las razones más grandes por las cuales Dios predice con tiempo los eventos es porque Él quiere asegurarnos que todas las cosas que la Biblia dice son ciertas. Después del suceso, la gente se golpea la frente y dice: "¡Ho! ¡Eso es lo que Dios quiso decir! Sucedió igualito a como Él dijo que pasaría."

Las predicciones que Dios nos dio son como un rompecabezas, podemos intentar descifrarlas.

La Biblia menciona muchos sucesos que pasarán antes de que Jesús venga. Porque estos son muy difíciles de entender, aun cristianos que estudian la Biblia tienen diferentes opiniones en como estos acontecerán. De todas formas, todos los cristianos están de acuerdo de que acontecerán.

Será un martes, aproximadamente a las 1:52 PM. ¡NO!

Debemos vivir cada día creyendo que ese día veremos a Jesús. Pero como Dios no quería que supiéramos el momento y el tiempo exacto, las personas que gastan su tiempo tratando de descifrar el día y el tiempo exacto en que Jesús regresará son imprudentes y francamente están desperdiciando su tiempo. Debemos aguardar su venida pero no necesitamos binoculares o una interrupción de última hora en el noticiero del radio, porque cuando Jesús venga el mundo entero lo sabrá. Grandemente.

Creo que te gustará evitar la Gran Tribulación si es posible.

La Gran Tribulación será un período de tiempo cuando el diablo tendrá permiso de hacer lo que quiera aquí en la tierra. El Anticristo (anti = contra) será un líder malvado con poderes sobrenaturales que le serán dados por el diablo. En el principio será como un líder excepcional que dice que adora a Dios, pero los cristianos sabrán la verdad. Tendrá gran poder político y la habilidad de controlar la manera como compramos y vendemos nuestras cosas. Habrá terribles consecuencias para los que rehúsan seguirlo.

Los cristianos de todos los lugares en la tierra y de todos los tiempos serán testigos de la segunda venida de Cristo.
Cuando Jesús desapareció detrás de una nube mientras dejaba la tierra por primera vez, dos hombres vestidos de blanco (¿Crees que hayan sido ángeles?) dijeron a los discípulos que regresaría de la misma forma en que se había ido. A excepción de que la Biblia dice que cuando Jesús vuelva por nosotros, vendrá con más de dos ángeles. Todos los creyentes que han muerto resucitarán y junto con los creyentes que aun viven, se encontrarán con Jesús en las nubes. Será tan espectacular, tan inconcebible, tan increíblemente fantástico, tan completamente asombroso que no habrá palabras para describirlo. Este es el momento que aun Dios ha estado añorando desde la creación. Va a ser la fiesta más grande que te puedas imaginar, y eso es sólo el principio.

Breve informativo...

Jesús prometió que volvería por nosotros. Pero cuando la gente le pidió que les dijera exactamente cuando, dijo que no sabía. Él dijo que nadie, sólo el Padre, sabe el tiempo preciso. Así que si Jesús no sabía el día o la hora, ni siquiera lo podemos adivinar (aun así muchos lo han intentado) que día será o a que hora del día será. Las buenas noticias son que Jesús *vendrá* por su pueblo. Tal como dijo que lo haría.

El Antiguo Testamento nos dice que Jesús vendría como hombre, que moriría y resucitaría de entre los muertos. También habla acerca del regreso de Jesús a la tierra.

El Antiguo Testamento predice que la primera vez que Jesús viniera a la tierra vendría como un "Siervo sufrido" que nos serviría a un gran costo para Él.

Ambos el Antiguo y Nuevo Testamento nos dan detalles acerca de los días antes del regreso de Jesús, su segunda venida, y acerca del día de juicio final de Dios.

La segunda vez que Jesús venga, llegará con trompetas tocando, como un triunfante "Rey soberano." (Un gran cambio viniendo de un sufrido siervo, ¿no te parece?)

El profeta Isaías dijo que Jesús sería llamado: "Consejero admirable, Dios fuerte, Padre eterno, Príncipe de paz." Estos nombres inspiraron tanto al compositor Handel que compuso *El Mesías*, y coros por todo el mundo han cantado estas palabras por cientos de años.

El Nuevo Testamento habla más acerca del futuro cuando Jesús regrese y como debemos vivir hasta ese entonces.

Las predicciones acerca de Jesús y del día de juicio final en el Nuevo Testamento concuerdan con las del Antiguo Testamento.

Podemos saber por cierto que: Jesús regresará por nosotros, Él reinará, el juicio final sucederá, y todos los cristianos pasaremos la eternidad con Dios.

TELESCOPIO

🌀 Palabras rebuscadas que se usan para describir dos períodos distintos en el futuro...

🌀 *Rapto:* Cuando Jesús regrese a llevarse con Él fuera de la tierra sólo a los cristianos. Puede que pase en cualquier tiempo. Puede pasar de las siguientes maneras:

🌀 *Pretribulación:* La creencia de que Jesús vendrá a tomar a los cristianos antes de la tribulación.

🌀 *Tribulación media:* Jesús regresará por nosotros en medio de la tribulación.

🌀 *Postribulación:* Jesús vendrá por nosotros después de la tribulación.

Si fuera por mí yo escogería la pretribulación. Pero esa es solamente mi opinión. Y sólo tendremos que ver que pasa. La buena parte es, cuando el milenio llegue, las cosas serán mucho mejor.

Breve informativo

Dios va a hacer todo nuevo — aun el cielo y la tierra. No habrá más muerte, pecado, lágrimas, ni dolor. No tendremos motivos para estar tristes. Nunca. Será el reino de Dios con Dios en el trono. Todo el mundo adorará a Dios porque eso es lo que querremos hacer tan pronto y como lo veamos.

+ *El milenio* son los mil años cuando Jesús reinará en la tierra y el diablo se malhumorará y se lamerá las heridas por un rato (hasta que se enfrente con su última cita con el lago de azufre ardiente.) Se han formulado tres puntos distintos de cómo es que el milenio acontecerá.

Premilenial: Jesús vendrá a reinar por mil años y el juicio vendrá después.

Amilenial: Jesús no reinará literalmente. Él reinará por medio de su iglesia por mil años.

Postmilenial: Vamos avanzando poco a poco a un tiempo de paz en la tierra. La gente con el tiempo se hará buena.

Breve informativo

El cielo está donde Dios está. Es donde los cristianos pasarán la eternidad. No va a ser aburrido. Un gran mal entendido acerca del cielo surge porque hay quienes dicen cuentos de que vamos a estar tocando arpas sentados encima de las nubes todo el día. Eso hace que cualquiera se duerma... definitivamente. No, piensa del cielo como un gran concierto de rock con grupos y orquestas y coros con súper-especial-tremendo-fónico-sonido estéreo digitalmente mejorado. ¡El lugar va a estar echando la casa por la ventana!

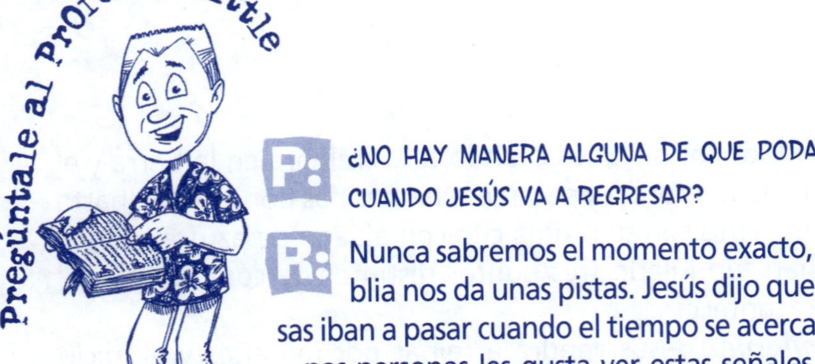

P: ¿NO HAY MANERA ALGUNA DE QUE PODAMOS SABER CUANDO JESÚS VA A REGRESAR?

R: Nunca sabremos el momento exacto, pero la Biblia nos da unas pistas. Jesús dijo que ciertas cosas iban a pasar cuando el tiempo se acercara. A algunas personas les gusta ver estas señales y guardar cuenta. Mantienen un registro de lo que la Biblia dice acerca de los eventos que están pasando en el mundo actual y después tratan de predecir cuando es que Jesús volverá.

P: ¿ACASO ALGUNOS DE LOS ACONTECIMIENTOS DEL MUNDO ACTUAL NOS INDICAN QUE ESTAMOS VIVIENDO EN LOS ÚLTIMOS DÍAS?

R: Así parece. De todas formas, mucha gente a través de la historia ha pensado que Jesús regresaría en su época. Aun gente en los tiempos bíblicos pensaban eso. Muchos de los eventos hoy en día parecen ser las señales que Jesús dijo pero nadie sabe por seguro. Y no lo sabremos hasta que Jesús aparezca. Así es que alístense niños; preparen sus maletas y estén listos para irse en cualquier momento porque hoy puede ser el día.

P: ¿QUÉ PARTES DE LA BIBLIA HABLAN DE LOS ÚLTIMOS DÍAS?

R: El libro de Apocalipsis en el Antiguo Testamento y partes del libro de Daniel en el Antiguo hablan acerca de las cosas que van a pasar. Los autores de estos libros, Juan y Daniel, tuvieron visiones y sueños acerca de lo que iba a pasar en los "últimos días"- visiones muy descabelladas y asombrosas donde había ángeles, caballos de colores, terremotos, dragones, bestias, tronos, trompetas, corderos, granizo, fuego, sangre, guerras, celebraciones, bodas, coros celestiales, y Jesús. Ellos escribieron sus sueños y visiones para nosotros, para darnos una pequeña visión del futuro. Muchas de estas visiones son muy elaboradas y detalladas y a veces confusas. Muchos adultos han tenido un gran dolor de cabeza tratando de entenderlas. Todo lo que en verdad debemos saber es que Jesús *regresa por los cristianos*.

P: ¿CUANDO JESÚS REGRESE, QUÉ LES VA A PASAR A LOS CRISTIANOS QUE MURIERON ANTERIORMENTE?

R: Todos los creyentes que ya hayan muerto volverán a vivir y, junto a todos los creyentes que aun vivan, se encontrarán con Jesús en las nubes. Va a ser una gran cantidad de gente flotando en el cielo.

P: ¿SEREMOS ESPÍRITUS?

R: No. Todos tendremos nuevos cuerpos perfectos. Sin incapacidades, nadie será demasiado bajo o demasiado alto, demasiado gordo o demasiado flaco, o de apariencia extraña. Todos seguiremos siendo los mismos y nos veremos diferentes a cada uno, aun así nuestros cuerpos serán perfectos. Tal vez estos nuevos cuerpos vengan equipados con alas o tal vez tendrán otras peculiaridades, pero nos vamos a pasar la mayor parte del tiempo con Jesús cuando Él regrese.

Breve informativo

No vas a querer ser atrapado por la muerte en el infierno. Es un lugar reservado para aquellos que decidan no creer en Jesús. En la Biblia se describe como el lugar más oscuro posible, tormento eterno, fuego inapagable, castigo eterno, y eterna separación de Dios. Nadie puede visitar el infierno y luego decidir irse.

Las buenas noticias acerca del infierno son que no tienes que parar allí si no quieres. Si conoces a

Jesús, ni siquiera tienes que pasar por las puertas y oír a la gente llorar y crujir sus dientes, pues es lo que la Biblia dice que van a hacer. ¡Que lugar tan espantoso!

ApArTe de EsO...

Nuestros cuerpos son máquinas asombrosas. Pero el cuerpo es sólo una cubierta. La persona que tú eres no se define por tu carne y sangre, sino por tu alma- la esencia de ti mismo, tú mismo.

Después de que morimos, podemos estar seguros de que habrá un juicio. Ocurrirá en el tribunal de Dios, después del regreso de Jesús.

No habrá abogados o jurados. Sólo un juez- Dios personalmente.

Dios buscará el nombre de todos en el libro de la vida del Cordero, y para los que sus nombres no se encuentren en el libro será un día de miedo. Si eres cristiano tu nombre estará en el libro. (¿Crees que estemos anotados en orden alfabético?)

Este será el día del juicio final que determinará quien va al cielo y quien irá a parar en el infierno. Después de eso nada cambiará de lugar. Aunque parezca un poco duro, no es como si nadie nos hubiera advertido.

Los creyentes y los impíos serán juzgados aparte.

Para los creyentes, este no será un día de temor. Seremos hallados sin culpa de pecado porque Jesús ya murió por nosotros. Dios juzgará a los creyentes por las cosas buenas que hicieron, y se nos entregarán coronas y otras cosas- algo así como una ceremonia de galardones.

🪱 Para los impíos será un día de gran temor, porque el estar de pie ante Dios sin Jesús en medio, todo lo que Dios verá es el pecado y la maldad. Qué momento tan horrible para aquellos que rechazaron el regalo de la salvación.

🪱 Finalmente después que cada persona sea juzgada, el diablo será juzgado y echado al lago de azufre ardiente.

¿QUE DIFERENCIA HACE?

La diferencia entre tener nuestra esperanza en el regreso de Jesús y el no pensar en su regreso es:

Tener esperanza y estar listo o no tener esperanza y no estar listo.

Recuerda:

- ◈ Jesús puede regresar en cualquier segundo, así es que debes estar listo.

- ◈ Si le perteneces a Jesús, puedes estar seguro de que pasarás la eternidad con Él en el cielo.

- ◈ El cielo será el más increíble- exuberante, dinámico, asombroso, espectacular, y sensacional tiempo que hayas tenido.

- ◈ La mejor parte del cielo es que estaremos con Dios. Por primera vez sabremos lo que es el gozo eterno.

¿Dónde hallaste eso?

(Pasajes de la Biblia para apoyar este capítulo)

Pregúntale al profesor Little

◆ Las señales nos advierten del regreso de Jesús- Mateo 24:3-29

◆ Tendremos cuerpos perfectos- Filipenses 3:21

Breve informativo

◆ Descripción del infierno- Mateo 13:42

¿ES EL CRISTIANISMO LA ÚNICA RELIGIÓN VERDADERA?

PISTA

El diccionario define a la religión como
La creencia en un poder sobrenatural que controla todo,
la adoración a un poder sobrenatural,
un sistema particular de fe y adoración.

¿Encaja el cristianismo en esta definición? Sí. ¿Encajan otras religiones en esta definición? Sí. ¿Son todas las religiones básicamente lo mismo incluyendo al cristianismo? No. Todas las religiones son significativamente diferentes a las otras, aunque muchas posean características similares. Cada religión tiene ideas específicas acerca de lo que es la verdad.

Otras religiones

¿ES EL CRISTIANISMO LA ÚNICA RELIGIÓN VERDADERA?

CONFORME LO QUE DICE LA BIBLIA, LO ES.

El cristianismo es la religión más grande del mundo.

Los *cristianos*- alrededor de 1.9 mil millones de ellos- se pueden encontrar en todo el mundo, pero la mayor parte de ellos viven en Norteamérica, sur América, Europa, y Australia.

Compartimos el Antiguo Testamento con los judíos.

El *judaísmo* es la religión del pueblo judío. Ellos estudian las Escrituras de nuestro Antiguo Testamento. Ellos no creen que Jesús era el Hijo de Dios, sino sólo un buen hombre judío. Aun esperan que Dios les mande a su Mesías. Aunque tienen su propio país, Israel, el pueblo judío- más de 18 millones de ellos- viven en otras partes del mundo.

Los budistas quieren llegar al nirvana.

El *budismo* se practica mayormente en Asia. Los budistas creen que la razón porque sufrimos en la vida es el deseo de tener cosas. Creen que la forma de detener el sufrimiento es dejando de querer tener cosas. Una vez que dejas de desear las cosas, con la ayuda de las enseñanzas de Buda, alcanzarás una cosa que se llama nirvana. Una vez que logras llegar al nirvana dejas de vivir como individuo. En el mundo hay alrededor de 324 millones de budistas.

Los musulmanes no creen que Jesús es Dios.

La gente que sigue el *Islam* se conoce como musulmanes. Su libro sagrado es llamado "El *Corán*." No creen que Jesús sea el Hijo de Dios, sino que sólo era un profeta. Siguen las creencias de un profeta llamado Mahoma. Creen en el Dios del Antiguo Testamento pero no en Jesús. En el Islam el cielo es un paraíso absoluto, al cual llegas mediante la observancia de ciertas reglas y por medio de vivir una buena vida. Los musulmanes están por todo el mundo, pero la mayoría vive en el medio oriente y en África. Hay por lo menos 1.1 mil millones de musulmanes en el mundo.

Los hindúes creen que puedes regresar a la tierra como otra criatura una vez que mueres.

En la religión *hindú* se cree que hay un círculo sin fin de nacer, vivir, morir y renacer. Tan pronto como un animal, insecto, o ser humano muere, ese ser inmediatamente nace de nuevo en otra forma. El ascenso o descenso en la escala de la vida depende en que tan bueno fue en sus vidas previas. Si es lo suficiente bueno puede que vaya de pobre a rico. Si es malo puede que regrese como hormiga. A esto se le llama la ley del *karma*. Los hindúes no comen hamburguesas porque creen que la vaca pudiera ser un familiar muerto. La mayor parte de los hindúes viven en la India.

Dios, es sólo una palabra a menos que haya una persona detrás del nombre. Tú debes de saber como cada religión define a Dios, y que otras cosas creen sus seguidores, antes de que puedas decir que son diferentes al cristianismo.

¿Sabías que los budistas ni siquiera tienen un Dios? Buda era un hombre que vivió hace muchos años. Él mismo admitió que no era Dios. Ni siquiera sabía si Dios existía o no. Buda enseñó que cada persona tiene que encontrar la verdad por sí misma y que, aunque hubiera un Dios, Dios no le iba a ayudar. Esto no suena como el Dios del cristianismo.

Los hindúes dicen que un día todo será parte de Dios. Dios no es un ser aparte. Algún día todos seremos parte de Dios. El único problema es que debes vivir una vida lo suficientemente buena para poder ser parte de Dios. Ellos creen que puedes hacer esto por un gran número de vidas y que volverás a seguir viviendo hasta que lo hagas todo bien. Esto tampoco suena al Dios del cristianismo.

Los musulmanes creen que Dios es personal, como el Dios del cristianismo, y que Él existe aparte de la creación, como el Dios del cristianismo pero su nombre es Alá. Su Dios es un Dios totalmente diferente. El de ellos es distante y nada amoroso. Este tampoco suena al Dios del cristianismo.

El Dios del judaísmo es el Dios del cristianismo. El Antiguo Testamento habla completamente acerca del pueblo judío y de su relación con Dios. Ellos son el pueblo escogido de Dios. El problema es que ellos no creen que Jesús es Dios.

El cristianismo es la única religión que no cree que se pueda llegar al cielo (o nirvana) por medio de obras. Los cristianos irán al cielo mediante el creer en Jesús.

Breve informativo...

Dios amó tanto al mundo... Él se interesa por nosotros. Nos ama a cada uno de nosotros.

Que dio a su Hijo único. No tenemos que encontrar el camino hacia Él, Él viene hacia nosotros.

Para que todo aquel que crea en Él... Aquí se refiere a tu primo, mamá y papá, tu maestra, el travieso de la clase que se sienta al lado tuyo, y aquella persona desagradable que conociste la semana pasada.

No se pierda, mas tenga vida eterna. Eres salvo. Has sido rescatado de cierta clase de muerte.

+ No importa que es lo que la gente piense de Buda o Mahoma porque ellos sólo fueron hombres. Nunca dijeron que eran un dios.

- De todos los líderes religiosos en el mundo, sólo Jesús dijo que Él era Dios.

+ Jesús es único porque Él es Dios.

+ Jesús le preguntaba a la gente todo el tiempo: "¿Quién creen que soy?" Estaba tratando de hacerles decir que ellos creían que Él era Dios.

+ Los seguidores de Jesús creen que Él es Dios.

+ Jesús era judío. Sus discípulos eran judíos. Los primeros cristianos eran judíos. Pero Dios estableció con claridad que cualquiera que quisiera podía ser de Él, no sólo los judíos.

Breve informativo

Otras religiones en el mundo dicen que todo lo que debes hacer es lo mejor que puedas… y después veremos. Dios dice que tú sólo nunca serás lo suficientemente bueno, así que por eso aquí está el regalo de la salvación. Sólo tienes que aceptarlo. Este simple regalo que Dios ofrece hace al cristianismo único entre todas las religiones del mundo.

✚ La gente que no es judía es llamada gentil en la Biblia. Aquellos que creen en Jesús son llamados cristianos.

✚ Algunos judíos sí creen que Jesús es el Hijo de Dios. Ellos también son llamados cristianos o judíos mesiánicos.

✚ El Espíritu Santo (El Dios del cristianismo) vive dentro de su gente. Ningún otro dios hace eso.

✚ El Dios del cristianismo tiene un amor increíble por nosotros. Ningún otro dios nos ama.

✚ El Dios del cristianismo regala la salvación, gratis. Ningún otro dios hace esto.

Breve informativo

¿Cuántos dioses en otras religiones hacen esto?
Nos mandan a su hijo
Hablan con nosotros
Mueren por nosotros
Se interesan por nosotros
Oran por nosotros
Nos conocen
Nos crearon
Se hicieron uno de nosotros

Respuesta. Ninguno

P: ¿NO SON LOS CRISTIANOS MEDIO OBSTINADOS CUANDO DICEN QUE HAY QUE CREER EN JESÚS?

R: La Biblia dice que Jesucristo es el único camino a Dios. Sin Él no hay salvación. Algunas personas dicen que esto es demasiado extremoso, que los cristianos deberían incluir otras posibilidades en su religión. El asunto es que los cristianos no pueden incluir otras posibilidades porque Jesús es el mayor componente del cristianismo. Sin Jesús no hay sentido- no hay salvador. Piensa en la Biblia sin Jesús, el Hijo de Dios, muriendo en la cruz para hacer un puente entre Dios y nosotros. Sólo habría Dios, pecado, humanos, y nada más. Dios no nos podría alcanzar y nosotros no podríamos alcanzar a Dios. Además, los cristianos no ponen las reglas, Dios es el que las hace.

P: ¿NO TIENEN OTRAS RELIGIONES LA REGLA DE ORO?

R: La regla de oro dice que tratemos a los demás, de la misma manera que queremos que nos traten. Y sí, casi cada religión está de acuerdo con esta regla. Es un buen ejemplo de una ley que todos reconocen que deben seguir pero no todos pueden cumplirla todo el tiempo. De todas formas, Dios ofrece a los cristianos perdón cuando le fallamos, y el Espíritu Santo nos ayuda a ser mejores personas. Las otras religiones no ofrecen estas cosas; esas sólo te dejan que te las arregles por tu cuenta.

P: ¿DE VERDAD IMPORTA TANTO EN LO QUE CREES? ¿NO ES ACASO MÁS IMPORTANTE EL SIMPLE HECHO DE CREER EN ALGO?

R: Es de absoluta importancia lo que crees. Muchos hechos terribles han acontecido por personas que creían en lo que hacían. Adolfo Hitler creía que su raza era superior- por eso mató a seis millones de judíos. Estaba completamente equivocado.

P: ¿SI CREO EN ALGO CON TODAS MIS FUERZAS, ESTO NO LO HACE VERDADERO PARA MÍ?

R: Lo que tú estás diciendo es que la verdad en realidad no importa. Considera esta pregunta: "¿Cuántos creen que el cielo es verde?" No importa cuantos piensan que es verde, porque la verdad es que es azul. (Está bien, si vives en el norte es probable que se vea gris la mayor parte del tiempo pero ciertamente no es verde.) No se puede votar en la verdad. El creer en algo no significa que sea verdad. El no creer en algo tampoco lo hace falso. Los hechos son los hechos. Antes de creer en algo te debes preguntar primero: "¿Es esto la verdad?" La verdad es la verdad. Jesús es el Hijo de Dios y Buda es un hombre muerto. Si Jesús es el verdadero Dios y tú crees en Buda, entonces crees en algo falso.

P: ¿POR QUÉ LOS CRISTIANOS NO DEJAN A LOS DEMÁS CREER EN LO QUE ELLOS QUIERAN?

R: La gente puede creer lo que ellos quieran. Dios da el libre albedrío, ¿recuerdas? De todas formas, porque creemos que es bueno el conocer a un Dios tan amoroso, y aprender de nuestro Creador cómo vivir, es que le queremos hablar a todo el mundo acerca de Él. Es como cuando les dices a tus amigos acerca de una película nueva que viste- te fascinó, y por eso quieres que otros la vean.

ApArTe de EsO...

🜲 Hemos escuchado acerca de celebrar la diversidad. Pero, ¿sabías que Dios fue el primero que celebró la diversidad?

🜲 Cada persona en este planeta tiene gran valor y es única a los ojos de Dios.

🜲 Él pone color en nuestra piel de manera única en cada individuo.

🜲 Nos da rostros que son distintos de los demás.

🜲 Nos da personalidades que nos hacen individuos.

🜲 Dios ama a cada ser humano en la tierra.

🜲 El no rechaza a nadie que lo busca.

¿Esta celebración de las diversidades significa que debemos de celebrar todas las creencias religiosas? No eso no es lo que quiere decir. Dios ama a toda la gente del mundo pero no toda la gente de este mundo ama a Dios. Hay muchas distintas religiones en el mundo pero ninguna de ellas cabe en el cristianismo.

¿QUE DIFERENCIA HACE?

La diferencia entre aceptar las enseñanzas del cristianismo y aceptar las enseñanzas de otra religión es

El desarrollo de una relación con el Dios que se interesa por ti o vivir una vida sin propósito.

Recuerda:

El hecho de creer en algo no lo hace verdadero. La gente en otras religiones tiene la esperanza de ganarse la entrada al cielo por medio de las buenas obras. Se preocupan si se equivocan.

Porque Dios nos ama, mandó a Jesús a la tierra. El cristianismo es la única religión que tiene la verdad.

Jesús dijo que Él era el camino, la verdad y la vida. La única forma de llegar a Dios es por medio de Jesús.

Por lo que Jesús es y por lo que hizo en la cruz, podemos tener salvación. Podemos pasar la eternidad en el cielo.

(Pasajes de la Biblia para apoyar este capítulo)

¿Qué diferencia hace?

◆ Jesús es el camino, la verdad, y la vida- Juan 14:6

¿DE DONDE PROVIENEN LAS PALABRAS CRISTIANO Y CRISTIANISMO?

PISTA

Todo acerca del cristianismo era, y aún es determinado en quien era Jesús y que fue lo que hizo. Él era el autor de sus enseñanzas, la persona de la cual sus enseñanzas hablan, y el centro de su mensaje de salvación. Él es la razón por la cual nosotros tenemos esperanza, nuestra fuente de poder, la cabeza de la iglesia, y el que mandó el Espíritu Santo a los creyentes. Simplemente no tiene sentido estar sin Jesucristo. Él es el carácter principal, el centro de nuestra fe, y su fundador. Él está detrás de todo. De otro modo daría igual ir a Disneylandia o al zoológico y pasarte un buen tiempo con los changos los domingos.

El cristianismo

¿DE DÓNDE PROVIENEN LAS PALABRAS *CRISTIANO* Y *CRISTIANISMO?*

ASÍ ES, LO ADIVINASTE: CRISTO (UNO DE LOS NOMBRES DE JESÚS).

La Biblia no se escribió en una computadora.

Cuando Jesús vivió en la tierra- antes de que se inventara la Internet, la televisión, los radios, telegramas, periódicos, y los lápices- la gente no tenía muchas formas de escribir mensajes como hacemos ahora. La mayoría de las veces se platicaban las cosas, y repetían las cosas que habían oído. Anotaban información importante, pero no era tan fácil como hoy en día. Escribir requería mucho tiempo y arduo trabajo. Había mucha más gente que escuchaba de Jesús que la que leía de Él.

Miles de personas supieron de Jesús sin ni siquiera buscar información en la Internet.

Los discípulos, que le conocían bien, se separaron cuando Jesús ascendió al cielo y se fueron a diferentes rumbos. A donde quiera que llegaban hablaban a la gente de Jesús. Y la gente a la que hablaron acerca de Jesús, lo comunicó a más gente. Y pronto miles sabían acerca de Jesús.

Estás leyendo este libro por que ser cristiano no es simplemente estar "de moda".

Los primeros cristianos empezaron iglesias locales. Fue por medio de ellos, y del Espíritu Santo, que tenemos iglesias hoy en día. Y porque algunos de ellos muy cuidadosamente copiaron los primeros manuscritos es que tenemos nuestras biblias. Si toda la creencia cristiana hubiera sido sólo una moda pasajera y las mascotas electrónicas, probablemente nunca habrías escuchado del nombre de Jesús, la Biblia nunca se hubiera escrito, y tú no estarías leyendo esto aquí en este libro. ¿Qué tal?

La Iglesia no es la iglesia.

La Iglesia no es un lugar, es la gente. Jesús dijo que si dos o tres se juntaban en su nombre, Él estaría con ellos. Supongo que a eso lo puedes llamar la iglesia más pequeña del mundo. La iglesia más grande está compuesta por todos los cristianos del mundo, casi dos mil millones de ellos. La iglesia de Jesús es la gente, claro y simple.

Ningún edificio puede acomodar a toda la iglesia.

Ningún edificio que los hombres conozcan puede agrupar a todos los cristianos al mismo tiempo, aun si pudieras conseguir un tiempo conveniente y un lugar para todos. La iglesia de Dios no tiene barreras. Es totalmente global. No son edificios ni denominaciones. Es la gente.

Breve informativo

Nombres de grupos...
Cerdos- hato
Pájaros- parvada
Abejas- enjambre
Ovejas- rebaño
Cristianos- iglesia

Aunque Adán y Eva no eran llamados cristianos, Dios los escogió para que fueran su pueblo.

Dios escogió a Abraham para que fuera el padre de una gran nación, los judíos.

Dios le prometió a la nación judía que ellos eran su pueblo escogido.

Dios extendió su promesa a toda la gente por medio de Jesús, y ahora somos su pueblo si decidimos serlo. Su pueblo es su iglesia, y su iglesia es su pueblo.

El libro de Hechos describe los principios de la primera iglesia. Comenzó cuando el Espíritu Santo se sentó sobre ellos como lenguas de fuego. Después de un evento como este los discípulos de Jesús no iban a ir a husmear a sus casas para ver que había para la cena. No, se quedaron para ver lo que Pedro, quien se había puesto de pie, diría. Después de todo había pasado tanto tiempo con Jesús. Cuando Pedro terminó de hablar, tres mil personas se convirtieron a Cristo y fueron bautizados. La iglesia de Dios había nacido, sólida como una piedra, y estaban listos para la acción.

La mayoría de los seguidores de Jesús eran judíos, aunque también había gentiles (gente no judía) que se habían convertido. Los seguidores de Jesús se empezaron a multiplicar a lo loco.

Uno de los nuevos creyentes era un hombre llamado Pablo quien antes odiaba a los cristianos. Pero un día tuvo un encuentro con Dios mientras caminaba en un camino desolado. Una luz refulgente le cayó encima, lo convenció en creer en Cristo en ese mismo momento. De allí se fue a prácticamente escribir la mayor parte del Nuevo Testamento. Supongo que probablemente no se volvió una nueva hoja de árbol, más bien se transformó en un árbol totalmente distinto.

- Después de su conversión, algunas personas no estaban muy felices con el nuevo itinerario de Pablo. Decían que era un revoltoso, y estaba incitando rebeliones, y que era el cabecilla de los cristianos.

- Los creyentes fueron llamados cristianos por primera vez en Antioquía no mucho después de que Pablo empezó a predicar.

Breve informativo

El teólogo de renombre C. S. Lewis escribió: "Es fácil decir que una soga es fuerte y cabal, siempre y cuando sólo la estés utilizando para amarrar una caja. Pero supongamos que tuvieras que sostenerte de ella colgando sobre de un precipicio. ¿Verdad que primero determinarías qué tanta confianza le tienes?" No temas poner el cristianismo en la prueba de la soga. Tienes que saber con tiempo que es lo que vas a usar cuando estés colgado sobre un precipicio.

✦ Entonces ¿qué hacían los creyentes cuando se juntaban? Hacían comidas de traje, si de traje esto, traje lo otro. La Biblia misma lo dice. No dice que traía cada uno o que llevaron de postre pero dice que comían juntos.

✦ Los nuevos cristianos prácticamente vivían juntos. Se ayudaban unos a otros y compartían todo con todos.

✦ Oraban constantemente. Teniendo comidas de traje no les impedía orar tampoco.

Breve informativo

Los artefactos eclesiásticos como los campanarios, cruces, bancas, edificios, bautisterios, órganos, púlpitos, himnarios, túnicas del coro son cosas que la *gente* decidió que eran eclesiásticas. *Dios* no las inventó, y no nos dijo que las inventáramos. Están bien, pero no son necesarias para que su iglesia sea iglesia.

✦ También recordaban a Jesús al comer el pan y beber el vino cuando se reunían. Hoy en día le llamamos a esto la santa cena o la cena del Señor.

✦ Los discípulos que habían estado con Jesús enseñaron a todos lo que Jesús les enseñó a ellos. ¿Te puedes imaginar que hubiera gente que conoció a Jesús y que te contaran historias? Estos no son los sermones que te hacen dormir.

✦ Los cristianos de la iglesia primitiva debían

> Creer en Jesucristo
> Ser bautizados en agua y en el Espíritu Santo
> Obedecer la palabra de Dios
> Hablar a otros acerca de Jesús y mostrarles que Él los había transformado.
> Servir a otros

Breve informativo

Sólo porque no puedes tocar a Dios no significa que no exista. Dios no va a dejar de existir porque alguien dice que Él no existe.

P: ¿CUÁNDO COMENZÓ JESÚS A HABLAR DE SU IGLESIA?

R: Poco antes de que Jesús ascendiera al cielo, le preguntó a Pedro: "¿Quién crees que soy?" Pedro respondió que Jesús era el Hijo de Dios. Así que Jesús dijo: "Sobre *esta* roca construiré mi iglesia." No se han encontrado indicios que demuestren que estaban parados sobre una roca con un campanario y con bancas hechas de material comprado en una ferretera. No. Él hablaba de la afirmación de Pedro de que Jesús era el Hijo de Dios. Cada persona en la iglesia necesitaba proclamar esto para que la iglesia pudiera crecer.

P: ¿QUIÉN DECIDIÓ QUE LOS SERVICIOS DE LAS IGLESIAS FUERAN LOS DOMINGOS?

R: Los primeros cristianos decidieron reunirse los domingos, el día después del sabath judío (sábado), porque era el primer día de la semana. Era el día en el que María y Marta descubrieron que Jesús había resucitado de la muerte- El primer domingo de Resurrección (Sin conejos de pascua de chocolate, huevos, y canastas; esa parte es sólo para divertirse.)

P: ¿SIGNIFICA ESTO QUE PEDRO ERA LA CABEZA DE LA IGLESIA?

R: La cabeza siempre fue y siempre será Jesús. Y todos los miembros son partes del cuerpo. Tal vez algunos sean piernas, en tanto que otros son uñas de los pies, pero todas las partes son necesarias. Si alguien que tú conoces llega a ser brazo y tú eres hígado no te debes de poner celoso. Cada uno sirve en la iglesia a Dios en una función especial escogida por Dios. Porque todos somos parte de un cuerpo, si alguien está herido o con dolor, todo el cuerpo está herido y con dolor. Por eso es que nos ayudamos los unos a los otros y hacemos lo que es bueno para todo el cuerpo no sólo nosotros mismos.

P: ¿POR QUÉ LA BIBLIA LLAMA A LA IGLESIA, LA ESPOSA DE CRISTO?

R: Antes de que pienses que ser la esposa de Cristo es totalmente raro (especialmente para los niños), recuerda que esta idea es sólo una idea de cómo será la relación de Jesús con su iglesia. Esas palabras nos dicen cuanto ama Jesús a su iglesia.

P: ¿ESTÁ BIEN SI EN SECRETO ME PREGUNTO SI CREO EN ESO DEL CRISTIANISMO O NO?

R: Claro que sí. Ni siquiera tienes que preguntártelo en secreto. Si creyeras en todo lo que se te dijera y no hicieras preguntas, entonces en realidad no podrías confiar en lo que crees. Es importante que sepas por qué crees en Dios. No debes creer sólo porque tus padres quieren que creas. Cree por que para ti tiene sentido.

P: ¿Y QUÉ SI NO PUEDO ENTENDERLO?

R: No te preocupes. Síguele pidiendo a Dios que te muestre la verdad, habla con otros creyentes, y lee la Biblia. Créeme, nunca nadie ha hecho una pregunta que haga tropezar a Dios, o que haya hecho que el cristianismo se derrumbe. Un día Dios te mostrará todo lo que debes saber. Algunas cosas van a tener que seguir siendo un misterio. La Biblia dice que hay algunas cosas acerca de Dios que nunca entenderemos.

QUiebrA - CoCOs...

Subiendo al piso correcto, un ejercicio de fe.

¿Es la fe, creer en algo que sabes que no es verdad? No, la fe es creer algo que has decidido que es la verdad. Cuando te subes a un elevador y dejas que la puerta se cierre y presionas el botón con el número dos esperas que cuando la puerta se abra nuevamente estés en otro piso. Esto es fe. Tú confías que el elevador irá hacia arriba sin caerse al sótano porque todas las veces que te has subido a un elevador nunca se ha caído. Tienes fe de que llegues al piso dos porque presionaste el botón que decía número dos. (Ahora si querías subir al piso número *tres* y accidentalmente presionaste el número dos, eso ya es un problema de no saberse los números y no de la fe; y si sigues cometiendo el mismo error, quizás debas considerar usar las escaleras la próxima vez.)

Breve informativo

Ekklesia... **Una palabra desconocida** para ti y para mí. La palabra *iglesia* viene de la palabra griega *ekklesia*, que significa una "reunión de gente." Los cristianos se reúnen en forma de iglesias en sus ciudades y pueblos y barrios. Todas estas iglesias unidas son la iglesia de Dios.

ApArTe de EsO...

🜲 ¿Será una tontería creer en las enseñanzas del cristianismo? ¿Qué si los cristianos están equivocados? Piénsalo con la parte del cerebro que ve las cosas por el lado sentimental. (Tienes esa parte del cerebro, no importa lo que tu hermano mayor te diga.)

🜲 Es un hecho histórico que un hombre llamado Jesús caminó sobre la faz de la tierra. Jesús dijo que Él era el Hijo de Dios- y su vida y carácter demostraron que era digno de confianza. El cristianismo comienza con la verdad de que Dios era su Padre. Si esto es verdad entonces podemos creer todo lo demás.

🜲 Jesús apareció a sus seguidores después de su muerte. Él vive todavía. Si Jesús estuviese muerto, entonces nada de las enseñanzas del cristianismo tendría importancia. Será algo más que leerlas en tu libro de historia.

🜲 Millones de personas han tenido encuentros personales con Jesús a través de la historia.

🜲 Todas las personas tienen una necesidad que sólo Dios puede satisfacer. Si esas necesidades fueran satisfechas por invenciones humanas entonces seguramente ya habríamos descubierto como hacerlo. Somos creados y diseñados por Dios.

🜲 Los creyentes son nuevas personas cuando siguen a Jesús. El conocer información acerca de Dios es una cosa, pero el ver con tus propios ojos que la gente cambia y se vuelve más y más como Jesús, esto comprueba la información.

🜲 Dios nos da un propósito. Somos seres eternos. La eternidad no comienza después, ya empezó. Lo que el mundo ofrece es temporal; lo que Dios ofrece, lo podemos llevar a la eternidad.

- Los creyentes saben que sus pecados han sido perdonados. Ya no tienen que vivir con la conciencia de culpa, sólo con corazones arrepentidos.

- Dios nos da a los cristianos, lo unos a los otros. Él ordenó a los cristianos que se amaran los unos a los otros, que se ayudaran, que se consolaran, y que se mantuvieran juntos y se divirtieran.

¿QUE DIFERENCIA HACE?

La diferencia entre llamarte cristiano porque estás acostumbrado a que te llamen así o creer en las enseñanzas del cristianismo porque ya las estudiaste, es:

Sentirte avergonzado o tener dudas acerca de tu religión o disfrutar enteramente los beneficios de ser cristiano.

Recuerda:

- Nunca creas en Jesús sólo porque alguien- aunque sean tus padres o tu mejor amigo- dice que debes creer.

- Cuando a partir de las evidencias llegas a la conclusión de que *tú* crees en Cristo, entonces empiezas a conocerlo personalmente. Tendrás una maravillosa amistad con Él.

- Cuando empiezas a conocer a Jesús, comenzarás a sentir su amor por ti y le amarás también.

- Jesús te enseñará que tan bueno es Dios y te enseñará la verdad acerca de las cosas.

¿Dónde hallaste eso?

(Pasajes de la Biblia para apoyar este capítulo)

Aunque usted no lo crea.

◆ Jesús está en medio de dos o tres cristianos que se reúnen- Mateo18:20

◆ La iglesia de Jesucristo no tiene barreras- Efesios 1:22-23

◆ Cuando un miembro del cuerpo está herido todo el cuerpo padece el dolor- 1 Corintios 12

REBOBINAR

Capítulo 10

+ Las predicciones que Dios hace en la Biblia han sido acertadas el 100% de las veces.

+ La Biblia promete que un día Jesús regresará a la tierra y llevará a todos los cristianos al cielo con Él.

+ Nadie a excepción de Dios el Padre sabe exactamente cuando sucederá eso, ni siquiera Jesús.

Capítulo 11

+ El cristianismo es la única religión que dice que uno no puede hacer nada para entrar al cielo.

+ De todos los líderes religiosos, Jesús es el único que afirmó ser Dios.

+ La única forma de llegar a Dios y al cielo es por medio de Jesús.

Capítulo 12

+ La iglesia de Cristo no es un edificio; está formada por el pueblo de Dios.

+ Jesús es la cabeza de la iglesia y la razón entera del cristianismo. Sin Él nada tendría sentido.

+ Dios nos escogió a cada uno para que nos acerquemos a Él y seamos parte de su iglesia.

¿QUE DIFERENCIA HACE?

Sección para crecimiento espiritual: la fe.

Puedes aprender a crecer en tu fe de las siguientes maneras:

Piensa en eso: Dando los pasos para descubrir por ti mismo en lo que realmente crees que es una señal de que estás creciendo. Este es un tiempo fascinante para ti, aunque te puede causar un poco de miedo. Al leer *¿Qué hace la diferencia?*, te encontrarás cara a cara con muchos asuntos difíciles que no se pueden ignorar. A medida que lees el libro, haz apuntes: escribe las preguntas o ideas de las que te gustaría saber más en el futuro.

Habla de esto: Trata de encontrar un grupo de personas (o un amigo) para que estudien este libro y así puedan aprender de cada uno. Anima a los demás a ser totalmente honestos y respetuosos el uno del otro mientras estudian el cristianismo. Recuerda que cada persona está en un gran camino de la fe; todos estamos a distintos puntos del camino.

Inténtalo: si tú o otros en el grupo empiezan a creer en Jesús, asegúrate de que tengan un momento de celebración- los ángeles en el cielo estarán celebrando contigo. Pero no te detengas allí. Anímense el uno al otro a moverse mas allá de una decisión de seguir a Jesús y vivir el gozo de ser cristiano.